O BRASIL TEM FUTURO?

Jaime Pinsky

O BRASIL TEM FUTURO?

editoracontexto

Revisão
Lilian Aquino

Ilustração de capa
Kleber

Ilustrações de miolo
Kleber e Fernando Lopes

Montagem de capa e diagramação
Gustavo S. Vilas Boas

Dados Internacionais de Catalogação na Publicação (CIP)
(Câmara Brasileira do Livro, SP, Brasil)

Pinsky, Jaime
O Brasil tem futuro? / Jaime Pinsky. – 1. ed., 1ª reimpressão. –
São Paulo : Contexto, 2016.

Bibliografia.
ISBN 978-85-7244-302-9

1. Brasil – Condições sociais 2. Brasil – Política e governo
3. Cultura – Brasil 4. Direito – Brasil 5. Educação – Brasil 6. Livros
e leitura – Brasil

06-0264 CDD-981

Índices para catálogo sistemático:
1. Brasil : Condições sociais : História 981

EDITORA CONTEXTO
Rua Dr. José Elias, 520 – Alto da Lapa
05083-030 – São Paulo – SP
PABX: (11) 3832 5838
contexto@editoracontexto.com.br
www.editoracontexto.com.br

2016

Sumário

INTRODUÇÃO 9

UM PAÍS SEM CARÁTER? 15

O Brasil não toma juízo 17

Uma nação em busca de heróis 21

A democracia começa em casa 25

Conto de Natal 29

Um homem íntegro 33

UM PAÍS SEM EDUCAÇÃO? 37

Educação e inclusão social 39

Analfabetismo diplomado 43

Para que serve o professor? 47

Por uma escola pública de qualidade 51

Afinal, o que quer o professor? 55

Um país sem leitores? 59
Ler é chato. Será? 61
Uma história de família. E de livros 65
O livro não morreu. Viva o livro! 69
Leitura e(é) inclusão social 73

Um país sem cultura? 77
Bens culturais para todos? 79
Ao patrimônio cultural, o devido valor 83
Identidade nacional e futebol 87
A arte de deixar tudo como está 91

Um país sem lei? 95
Chega de barulho! 97
À margem da lei 101
Bem-vindos ao planeta Terra 105
Brasil, um país sem lei? 109

Um país sem futuro? 113
Somos todos condenados 115
Para chegar ao século XXI 119
A globalização que queremos 123

O autor 127

Este livro é uma homenagem
a Florestan Fernandes e Octavio Ianni,
pelo seu senso de responsabilidade
para com o Brasil.

Os textos integrantes deste livro foram, em suas versões originais, publicados nos periódicos abaixo relacionados:

O Brasil não toma juízo. *O Estado de S.Paulo.*
Uma nação em busca de heróis. *O Estado de S.Paulo.*
A democracia começa em casa. *Correio Braziliense.*
Conto de Natal. *Correio Braziliense.*
Um homem íntegro. *Folha de S.Paulo.*

Educação e inclusão social. *Correio Braziliense.*
Analfabetismo diplomado. *Correio Braziliense.*
Para que serve o professor? *Correio Braziliense.*
Por uma escola pública de qualidade. *Correio Braziliense.*
Afinal, o que quer o professor? *Correio Braziliense.*

Ler é chato. Será? *Correio Braziliense.*
Uma história de família. E de livros. *Correio Braziliense.*
O livro não morreu. Viva o livro! *Correio Braziliense.*
Leitura e(é) inclusão social. *Folha de S.Paulo.*

Bens culturais para todos? *Correio Braziliense.*
Ao patrimônio cultural, o devido valor. *O Estado de S.Paulo.*
Identidade nacional e futebol. *Folha de S.Paulo.*
A arte de deixar tudo como está. *Correio Braziliense.*

Chega de barulho! *Correio Braziliense.*
À margem da lei. *Folha de S.Paulo.*
Bem-vindos ao planeta Terra. *O Estado de S.Paulo.*
Brasil, um país sem lei? *Correio Braziliense.*

Somos todos condenados. *O Estado de S.Paulo.*
Para chegar ao século XXI. *Folha de S.Paulo.*
A globalização que queremos. *O Estado de S.Paulo.*

Introdução

Há ainda quem acredite que somos o país do futuro?

Alguns de nós estamos indo bem, obrigado, alguns setores da economia se desenvolvem, mas será que nossas esperanças em um país rico, justo e fraterno ainda está de pé? Está bem, foram mais de trezentos anos de Colônia, um Império para poucos, uma República tocada a trancos e barrancos e algumas ditaduras. Mas já estamos com vinte anos de democracia formal e cadê o futuro?

Este livro pergunta se temos futuro, já que somos um país em que falta lei, educação, cultura, leitores, igualdade (racial e social) e, parece, até um pouco de caráter. Aparentemente, experimentamos de tudo: nos últimos vinte anos testamos governos tidos como conservadores, social democratas, messiânicos, esquerdistas e até Itamar Franco. Colocamos no poder gente de bigode, sem bigode, de barba, sem barba, gente que tomava decisões intempestivamente, gente que demorava meses para decidir qualquer coisa e o resultado é que o país tem crescido menos do que a América Latina como um todo, foi ultrapassado por várias nações e continua pobre. E desigual. Sem educação adequada, sem cultura para todos, sem rumo para muitos.

A pergunta cabe: nosso país tem jeito? Podemos, de fato, acreditar num Brasil diferente e melhor do que temos? Ou estamos condenados a servir de lastro para as naves do progresso que insistem em não se fixar por aqui? Não se trata, é claro, de se contentar com vitórias passageiras e aparentes, que nos são mostradas pelas máquinas de propaganda governamentais. Trata-se de pensar se o Brasil tem chances de chegar entre os mais bem colocados no campeonato mundial de desenvolvimento, justiça social, infraestrutura, saúde e educação de qualidade para todos, eficiência, responsabilidade e honestidade no setor público (e no privado), estradas decentes, cidades organizadas, respeito ao cidadão e respeito do cidadão pelo coletivo.

Num momento em que os sonhos se resumem em aparentar e consumir, pode soar um pouco raro, mas sou da geração que tinha fé. Uns confiavam na revolução, definitiva ou por etapas (antes a burguesa, depois a proletária), pelas armas ou pelo voto, a partir do campo ou da cidade. Outros acreditavam no "socialismo moreno" de Darcy Ribeiro, na "cordialidade" de Sergio Buarque de Holanda ou na "divisão do bolo" (acumulado a duras penas) de Delfim Neto. Havia até os que desenvolveram crença ingênua na Zélia do Collor ou mesmo na pirotecnia inconsequente de tantos milagreiros que estiveram no poder ou pregavam por aí... Em nome do futuro idealizado, da utopia de cada um, já se discutiu muito, já se escreveu e discursou, já se matou e morreu. Ao contrário dos oportunistas que sempre buscaram o poder para dele se beneficiar (não é de hoje que cueca é cofre de dólares), havia idealistas de diferentes facções políticas, gente que agora se sente incomodada (e até fracassada) por não ver o país "no lugar que lhe cabe".

Não são todos que são indiferentes com relação à miséria explícita e estatística ou com o analfabetismo total ou funcional que ostentamos. Nos momentos de tristeza e depressão achamos o país uma droga, o "brasileiro" um perdedor. Na hora de euforia, que hoje em dia não vai muito além das vitórias no futebol e alguns outros esportes, exaltamos nossas virtudes, que não têm sido suficientes para transformar (usando o lugar-comum) o país que temos no país que queremos.

Mas, queremos mesmo? E queremos, exatamente, o quê?

De resto, queremos todos o mesmo? Nós quem?

Quem somos, afinal? Uma turma de explorados pelo capital internacional, um povo sem vocação para o capitalismo moderno, um bando de incompetentes ingênuos, uma cambada de salafrários hipócritas, um grupo irreversível de desunidos? E precisamos do quê? de uma revolução social, de um choque de liberalismos, de políticos capazes (e de onde apareceriam esses seres de ficção?), de seriedade pura e simples (a decantada "vergonha na cara"), de participação popular, de mais capacidade de decisão, de divisão de poder, de centralização do poder?

A maioria dos analistas contemporâneos, da mesma forma que todos os grandes explicadores clássicos do Brasil (independentemente de sua competência), têm se preocupado em equacionar nossos problemas a partir de fórmulas gerais, que possam dar conta de todas as nossas mazelas. Temos horror ao micro, ao pequeno, ao cotidiano. Lembro-me de um amigo que questionava meus artigos sobre a cidade em que vivíamos afirmando ter saudades do Pinsky que pensava grande... Ora, a prática social das pessoas pode ser percebida melhor nas situações cotidianas do que na declaração genérica de intenções. Aquele vizinho de garagem que rouba a vaga do outro, o síndico que consegue vantagens pessoais dos fornecedores do condomínio, o dono da cobertura que faz festas ruidosas sem se importar com mais ninguém, o adolescente que usa a sala de ginástica e deixa tudo lambuzado de suor são figuras que agem contra o coletivo em situações de pequenos grupos, mas que poderiam perfeitamente prejudicar muito mais gente se seu espectro de atuação fosse mais amplo. Por comodismo, ou temor ao confronto, os vizinhos deixam "por isso mesmo", o que faz com que as atitudes antissociais não sejam reprimidas e, consequentemente, se repitam.

Meu interlocutor, nesse ponto, terá todo o direito de retrucar: "Espera lá, espera lá, agora você vai dizer que a festa do meu filho foi a culpada pelo atraso do nosso país, não a roubalheira dos políticos e a ineficiência da justiça"? Não é bem assim, mas meu ponto é que nossa inconsequência e baixo sentido de cidadania faz com que sejamos radicais no discurso a respeito de temas sobre os quais temos pouca possibilidade de interferir, mas não passemos de comodistas com relação a situações cotidianas sobre as quais temos condições (além de direito e dever) de modificar. Só se muda quando se deseja e se não mudamos é porque não queremos.

Mudanças ocorrem não por acaso, mas com fruto de vontade forte. Uma lembrança histórica: a escravidão se manteve no Brasil até quase o final do século XIX não apenas porque assim o desejavam meia dúzia de grandes latifundiários, mas porque estava tão espalhada pelo país (havia escravos de uso e de ganho em quase todas as "boas" casas das cidades brasileiras). Da mesma forma, o país não muda porque nós não atuamos concretamente para que ele mude.

Não se trata de fatalidade histórica, de injunções internacionais intoleráveis, de pacto da burguesia contra mudanças, de elites que são contra (são mesmo, e daí?), de falta de quadros ou de vergonha (ou os dois). Episódios recentes, proporcionados pelo PT no governo, aquele mesmo que (com razão) pregava a moralidade no trato das coisas públicas, não podem nos levar a conclusões apressadas. Em primeiro lugar porque já está na hora de suspender nossa crença em soluções salvadoras e messiânicas, venham elas de um mauricinho de Maceió, de um "sapo barbudo" de Garanhuns ou de um caudilho gaúcho. O país não é algo que pode ser terceirizado, entregue a pessoas supostamente competentes e ponto, como fazemos, às vezes, ao largar nossos filhos nas escolas ou ao internar nossos avós em casas de repouso onde possam morrer sem nos incomodar.

O amor ao país (como qualquer outro) precisa ser declarado a cada dia e, mais do que declarado, provado. Práticas cidadãs não rimam com esperteza, com levar vantagem, com ser antirrepublicano. Um país se constrói a partir de um pacto social em que todos somos protagonistas, não espectadores.

É hora de sermos protagonistas. E este livro dá algumas ideias de como fazê-lo.

Ah, o Brasil tem futuro? Essa pergunta só tem uma resposta: que futuro nós queremos construir para o Brasil?

Um país sem caráter?

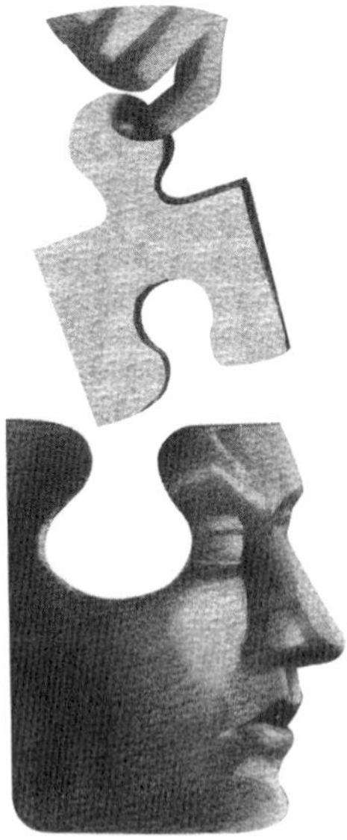

O Brasil não toma juízo

Um dos assuntos recorrentes neste país é saber se o Brasil tem jeito. O simples fato de se gastar tempo e energia especulando sobre o tema é uma comprovação da desconfiança que nós, brasileiros, temos com relação à nação em que vivemos. Dizemos que não tem jeito o filho do vizinho que se recusa a estudar; aquela nossa prima namoradeira (com mais do que idade para se casar); o cunhado que troca horas de trabalho pela sinuca com cerveja do botequim. Não tomar jeito é sinônimo de não amadurecer, não assumir a idade que se tem e as responsabilidades dela advindas. Na verdade, desconfiamos todos que este nosso país, com milênios de ocupação humana e mais de 500 anos de contato com a civilização ocidental, ainda não tenha atingido sua maturidade. E, o que é pior, tememos que nunca venha a atingir.

Como não somos responsáveis pelo filho do vizinho, pela prima namoradeira, nem mesmo pelo cunhado folgado, constatar sua irresponsabilidade é um simples exercício de observar o outro, o de fora. Já com relação ao país em que vivemos, a coisa se complica: como não podemos atribuir imaturidade às montanhas, rios ou vales, ou falta de juízo às estradas, matas e nascentes, quando nos referimos ao Brasil estamos, supostamente, falando de seus habitantes, todos eles, incluindo nós mesmos. Mas não. Como se conseguíssemos separar o ser que fala do ser falado, embora o falado seja o próprio falante, repetimos o exercício esquizofrênico de jogadores de futebol que falam de si mesmos apenas na terceira pessoa. Assim fica mais fácil falar do Brasil apenas como entidade externa, como figura mítica a respeito da qual, obviamente, não temos a menor responsabilidade.

É como se tivéssemos dois brasis, um o nosso, privado, que com galhardia tentamos sustentar, e o outro, coletivo, aquele que "não tem jeito", que está sendo, historicamente, destruído pelo conjunto de brasileiros (menos nós). Para os ricos, a culpa é do "povinho", mesmo os que se matam de trabalhar por um salário irrisório; para os pobres, é das "elites", mesmo os empresários criativos que lutam com dificuldade para manter suas empresas e os postos de serviço que elas geram; para os profissionais liberais que odeiam dar recibo pelos seus serviços e, consequentemente, pagar impostos ("sei lá onde o dinheiro vai parar" é a desculpa esfarrapada oferecida), os responsáveis são os funcionários públicos, que também levam pau de ministros, mesmo dos que têm por hábito passar agradáveis finais de semana em Fernando de Noronha em voos exclusivos patrocinados pelos cofres públicos.

Em pesquisa realizada em São Paulo com jovens motoristas a maioria absoluta é contrária a condutores dirigirem embriagados. Ponto para os jovens? Não. A mesma pesquisa diz que eles, individualmente, têm certeza de que algumas cervejinhas não vão afetar seu desempenho ao volante. Ou seja, os outros não devem dirigir embriagados, eu posso porque conheço meus limites etc. e tal. Um motorista de táxi que peguei recentemente vociferava contra as mulheres que dirigem mal enquanto fazia uma conversão proibida à esquerda, desrespeitava a faixa de pedestres (uma das poucas que não estava apagada), entrava no balão sem respeitar preferencial e parava sem dar seta. E é o Brasil que não tem jeito...

Arriscaria dizer que os que sustentam esse discurso se incluem em duas categorias: os bobões, que não sabem do que estão falando, e os espertalhões, que sabem muito bem do que estão falando. Os primeiros, pobres coitados manipulados pela mídia, incapazes de pensar com a própria cabeça, fazem parte do enorme contingente daquilo que eu chamaria de "lúmpen" intelectual, fruto de sabedoria televisiva bovinamente adquirida ao longo dos anos, misturada com ausência de leitura e com uma total incapacidade de estabelecer conexão entre os fatos. Os segundos, ao contrário, têm brilhante cabeça política, fruto de reflexão sólida ou de intuição privilegiada. Embora seu brilho intelectual não seja acompanhado de valores morais, procuram passar por arautos da ética, manipulando e escolhendo, habilmente, os bois de piranha a serem lançados na corrente e que lhes permitam uma passagem tranquila e despercebida. Não se colocam contra devassas, desde que possam ter o controle delas para que o cheiro de esgoto não impregne seu hábitat, seja ele uma rica cobertura, uma habitação modesta na zona leste ou um palácio no Planalto Central. Sua candura é tão bem simulada que engana facilmente os "bobões", acostumados ao fraco desempenho dos canastrões de novela.

Para os primeiros, o Brasil nunca conseguirá ter jeito. Para os segundos, é importante que ele nunca tenha. Doses maciças de cidadania e mobilização talvez possam alertar os "bobões" e neutralizar os "espertalhões".

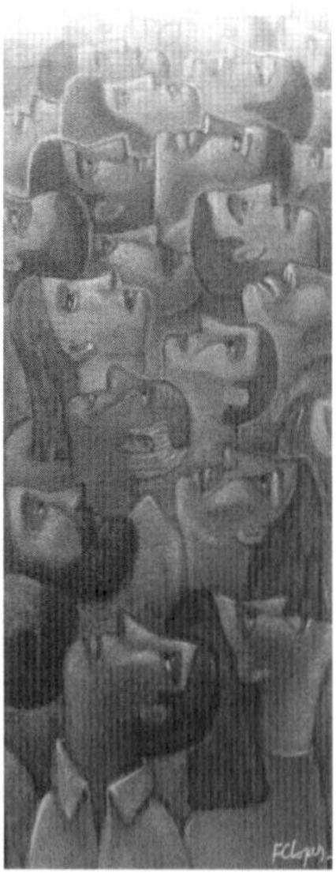

Uma nação em busca de heróis

Se é verdade que povo feliz é aquele que não precisa de heróis, somos um povo duplamente infeliz: por estarmos sempre em busca deles e por não os encontrarmos, pelo menos na dimensão que desejamos. Um dos casos mais significativos é o de Tancredo Neves, com sua agonia partilhada por todo o povo, comparado pela mídia a santos que sacrificavam a vida pelo bem de todos e a Tiradentes, o "promártir" da independência (Tancredo seria o mártir da redemocratização). Todos os que me leem se lembram de que o país parou quando de seu enterro, as pessoas choravam na rua, o político mineiro era comparado a De Gaule, a Adenauer, a Ben Gurion e até a Lincoln pelas personalidades entrevistadas na ocasião. Hoje, ninguém mais se lembra dele, sua prática política de transição sem mudanças é exercida com maquiavélica competência por muitos de nossos líderes – segundo alguns, até pelo próprio Fernando Henrique – e é provável que seu nome não ajude a eleger sequer o prefeito de São João del Rei.

Por vezes elegemos nossos heróis salvadores de forma açodada (não foi o nosso país que escolheu, livremente, para presidente, um tal de Fernando Collor?). Outras vezes, ao procurarmos o herói perfeito e imaculado – que, por definição, não existe –, desapontamo-nos com a dimensão humana que eles acabam por revelar e passamos a rejeitá-los por inteiro. Isso é muito visível com nossos heróis esportivos: nem Pelé, nossa maior glória, no esporte que mais toca nossas almas e mentes, escapou do descrédito. Mesmo sendo o brasileiro mais famoso do mundo em qualquer época e de qualquer área, sofre por aqui o desgaste de ser falível, gente, enfim. Parece que isso é pouco para nós.

Deixando de lado a risível tentativa de uma emissora de tevê que quer transformar um perdedor incorrigível em um novo herói das pistas (tenho a impressão de que nem todo o dinheiro que Rubinho ganha compensa a evidência, renovada a cada domingo, de que ele não passa de um corredor de segunda), por vezes fazemos escolhas mais felizes. Guga, um garotão irreverente, profundamente identificado com a autoimagem do brasileiro, supera o elitismo do seu esporte e nos torna, a todos, fãs de "aces" e voleios, telespectadores nervosos que sofrem a cada set não fechado. Tomara que viva muito, em função do que, fatalmente, acabará perdendo seu *status* de herói. A alternativa é tornar-se um Ayrton Senna de raquete. Este, para a maioria da população, era o homem que compensava nossos fracassos como nação, nos redimia de nossas derrotas como indivíduos e, portanto, a Bandeira Nacional a cada corrida vencedora "mostrava o valor do brasileiro". Morreu jovem, correndo, lutando por todos (pelo menos no nosso imaginário). Tivesse vivido um pouco mais, sobrevivido à glória, seria engolido pelo cotidiano, consumido e descartado por falhas reais ou imaginárias.

Nação curiosamente maníaco-depressiva, criamos heróis, jogamos neles todas as nossas esperanças, sentimo-nos vencedores e poderosos juntamente com eles e, no minuto seguinte, os destruímos e nos destruímos juntamente com eles. Da mesma forma que o psicótico, oscilamos da euforia à depressão, com raros momentos de estabilidade e equilíbrio. E, o mais grave, procuramos sempre a solução ou a culpa vinda de fora, magicamente. A própria maneira de explicarmos nossa história comprova isso. Durante muitos anos, dizem nossos livros, os brasileiros nada podiam fazer porque éramos colônia de Portugal. Depois, durante a monarquia, o autoritarismo do Império impediu que fôssemos responsáveis por nossos próprios destinos. Na época da República Velha, antidemocrática, éramos dominados pelos oligarcas do café com leite. Em seguida, por Vargas. Logo depois, pelos militares e, hoje, pelo fmi... É como se nunca fôssemos responsáveis pelos nossos atos, pela corrupção, pela violência, pela injustiça social absurda com a qual convivemos. Votamos ou com a sensação do "não adianta mesmo" ou com a ilusão do "este vai redimir o povo". Depois do "ato cívico", voltamos bovinamente às nossas poltronas e, enquanto nos envolvemos com as novelas televisivas, aguardamos o que "eles" vão fazer, ratificando, pela omissão, o divórcio entre sociedade e Estado, que é uma das marcas registradas de nossa história.

Perguntaram-me outro dia se via a possibilidade da volta de um regime de exceção no Brasil. Por mais deslocada de seu tempo que possa parecer, não me parece uma ideia tão absurda. As taxas de desemprego estão altíssimas; a pressão de consumo aguça a sensação de pobreza de muitos; os Legislativos, em todos os níveis, estão desacreditados; as dívidas do país, tanto a interna como a externa, não param de crescer; a violência e a sensação de desamparo atemorizam nosso cotidiano e povoam o nosso imaginário; e, talvez o mais grave, não temos demonstrado maturidade suficiente para construir a democracia de que precisamos: ainda nos iludimos com xerifes truculentos e tocadores de obras de reputação duvidosa. Se aparecer amanhã alguém com um pouco mais de carisma...

Temos de trabalhar com a ideia de que não há soluções miraculosas. Nenhum político, sem exceção, vai resolver os problemas das cidades brasileiras em um passe de mágica, com algumas penadas. Contudo, enquanto alguns, seguramente, representam um retrocesso, uma volta atrás, há os que, sem se apresentar como heróis salvadores, procuram trabalhar em torno de programas consistentes, para cuja realização pretendem mobilizar a população, sem o que ninguém fará nada. Aceitar o fato de que não precisamos de semideuses, mas de seres humanos sérios, competentes e comprometidos com o bem-estar dos cidadãos será uma demonstração de maturidade que só poderá beneficiar nossas cidades.

A democracia começa em casa

Já dizia o mestre Florestan Fernandes que é muito difícil promover a transição de uma democracia para poucos para uma democracia para muitos. Aparentemente, todos são favoráveis a uma passagem desse tipo, desde que não se toque em suas vantagens (e que não se fale em privilégios!). Gordas aposentadorias integrais, desejáveis para todos, são obtidas por poucos. Pensões complementares, financiadas quase integralmente por estatais generosas, parecem normais aos que se beneficiam delas. Por seu lado, empresários sonegadores reclamam dos impostos (que quase não pagam), funcionários públicos irresponsáveis acham ruim seus horários de trabalho (que quase não cumprem) e por aí afora.

Claro que nem tudo é assim. Este país tem funcionários responsáveis, empresários sérios, muita gente que faz jus ao seu salário e a muito mais. O fato é que, apesar de tudo isso, da aparência de caos, estamos avançando. O simples fato de discutirmos, claramente, as reformas que o governo anterior não conseguiu configurar adequadamente já é enorme avanço. E os que possuem um pouco mais começam a achar razoável pagar uma taxa para que nosso país não continue ostentando os tristes recordes de desigualdade e exclusão social que o caracterizam, com os índices de violência que não agradam a ninguém. Embora a relação não seja direta, é bastante provável que a incorporação de camadas maiores da população às benesses de uma sociedade moderna implique a diminuição da insegurança sentida pelos mais ricos. De resto, como confessava um grande empresário, há que se buscar alternativas, uma vez que o custo da blindagem dos automóveis importados está cada vez mais alto. Talvez até por economia valha a pena colaborar para uma sociedade mais justa.

É bem verdade que, em alguns aspectos, ainda temos práticas que remontam ao período anterior ao da Revolução Francesa. Um bom cargo, principalmente nas áreas em que se lida com dinheiro, pode representar a solução de todos os problemas financeiros do titular, da família e até de alguns amigos chegados. Continuamos vendo fiscais que usam informações privilegiadas para chantagear os cidadãos, tanto em pequenas questões municipais (camelôs irregulares que pagam para serem tolerados, bares em áreas proibidas que "não são vistos" pelas subprefeituras) quanto estaduais e até federais. Isso quando não montam de uma vez um esquema de "alto atacado", criando dutos de grande espessura para canalizar nosso rico dinheirinho para contas abertas aqui ou lá fora.

Na verdade, a esperteza, o pequeno roubo, são coisas tão disseminadas em nosso país, fazem de tal maneira parte da vida cotidiana das pessoas, que o anormal, o não natural, ainda parece ser a honestidade. Síndicos de prédios são obsequiados com dedetização grátis em seus apartamentos quando combinam algo do gênero para o edifício todo. O mesmo vale para pintura e outros prestadores de serviço. Produtores em editoras são assediados com ofertas que giram em torno de 5% para escolherem certas empresas de fotolitos ou gráficas. Compradores de grandes empresas, estatais ou não, são mais cortejados do que a Gisele Bündchen.

Não seria o caso de, ao mesmo tempo em que avançamos na democratização do estado brasileiro e de seus cidadãos, investirmos com determinação contra essas práticas pré-capitalistas (embora vicejem vigorosamente no capitalismo)? Fico pensando se não valeria a pena elencar uma série de atributos que tanto o síndico do nosso prédio quanto o presidente do nosso clube, o diretor da faculdade em que trabalhamos ou o líder da nossa associação de classe deveriam possuir para evitar situações no mínimo constrangedoras, como aquelas por que passam os que não sabem escolher homens certos para as funções adequadas.

Honestidade é, sem dúvida, um pré-requisito, mas não o bastante. Gostaria de pensar, para cargos executivos, em pessoas sérias e idealistas, com talento comprovado para liderar e que não se sintam tentadas a usar o cargo apenas para alavancar a própria vida profissional periclitante. Seria bom alguém que emprestasse prestígio ao cargo e não tivesse que tomar emprestado o prestígio do cargo. Alguém que não tivesse o "rabo preso" e que não fizesse o gênero autoritário truculento, autoritário esclarecido ou maquiavélico assumido, mas acreditasse efetivamente na distribuição de tarefas, na responsabilidade coletiva e nas conquistas que visem ao interesse coletivo. Difícil alguém assim? Não tanto. É procurar com cuidado, deixar o comodismo de lado e sair do muro. Já dizia Aristóteles que uma das principais características da democracia é "governar por turnos", evitar a continuidade, a perpetuação de um grupo que se apropria do poder e o torna a extensão de sua casa. A democracia implica ter coragem para mudar. E, sem dúvida, ela começa em casa.

Conto de Natal

José Gilberto sempre foi um homem preocupado com o social. Quando criança, tirava o pirulito da boca para entregar a qualquer menino com quem cruzasse. Sempre que ganhava presentes de Natal, buscava no fundo de seu armário algum brinquedo velho para dar aos pobres que não mereciam uma visita do Papai Noel.

Essa tendência só se aprofundou com o tempo. No colégio, ampliou o seu espectro de preocupações, integrando grupos como os conhecidos Rademeam (Radicais Defensores do Meio Ambiente) e Lujupo (Lutadores pela Justiça entre os Povos). Os professores de geografia e história, respectivamente, explicavam que a responsabilidade de cada um ia muito além da distribuição de pirulitos usados ou de brinquedos quebrados, razão pela qual Zé Giba (já começava a ser chamado pelo apelido, que a mãe odiava, mas que o acompanharia por toda a vida) começou a tornar-se um jovem politicamente correto.

Foi, porém, na faculdade que Zé Giba se revelou e se distinguiu. Hábil com a palavra, usava-a para denunciar a desigualdade social que permeava as relações entre as classes e para demonstrar a necessidade de profundas transformações sociais no país. Sua fala era apaixonante, pois, embora nunca tivesse sido um grande orador, sempre foi muito articulado e convincente, não abrindo espaço para contestações. Às numerosas garotas com as quais transou, envolvidas por seu talento – e que lhe trouxeram alguns filhos inesperados que ele não assumiu, em nome da revolução –, ele dizia que a sociedade burguesa tinha de ser destruída em todos os lugares, inclusive na cama, no carro e em cima de sua mesa de diretor do centro acadêmico.

Dizia também que, para destruí-la, todos os instrumentos deveriam ser utilizados, mas prefiro não entrar em desagradáveis detalhes eróticos. O importante é que Zé Giba, na sua fase de estudante universitário, começou a se dar conta de que tinha grande talento político e, mais que isso, que gostava do poder que obtinha com esse talento, mesmo que isso ainda não fosse muito além de envolver alguns seguidores fiéis e algumas garotas do interior e de outros estados que se sentiam meio solitárias em São Paulo.

Quando se formou, Zé Giba entrou para a política partidária. Segundo ele mesmo, essa era uma área muito suspeita, com grandes interesses manipulando os poderes do Estado. Ele tinha até dó dos que liam jornais e viam noticiosos na televisão e se consideravam bem informados. O movimento verdadeiro, aquele que explicava, no final das contas, o movimento da superfície, era percebido por poucos e desvendado por muito poucos. Ele citava sempre uma frase que atribuía a Marx segundo a qual nada era mais distante do real do que a aparência do real. O que Zé Giba queria não era aparecer, mas manipular os que aparecem, estar por trás do movimento que todos veem. Não era por outra razão que lia tudo que podia sobre Rasputin e Pombal e preferia Kissinger a Nixon ou Golbery a Geisel.

Quando, finalmente, chegou ao poder, empenhou-se em colocar sua ideologia em ação. Mas, afinal, qual era sua ideologia? Tinha superado a ingenuidade da infância e, de resto, não gostava mais de pirulito. Tinha perdido a paciência com os perdedores, aqueles que parecem insistir em ficar à margem da sociedade. Irritava-se com ex-companheiros que entraram para a carreira acadêmica: o sujeito ficava anos para parir uma tese e queria que o governo ainda lhe pagasse um salário decente... De resto, não gostava mais da cerveja aguada que os ex-colegas, muitos deles barbudos, tomavam. Preferia um bom Black Label de 12 anos ou um gim inglês, aromático. Não suportava também alguns deputados do seu partido que tinham a petulância de cobrá-lo pela efetivação de itens do programa político aprovado em dezenas de encontros e convenções. "Esse povo não sabe que política é a arte das alianças e das mudanças? Uma coisa é ser oposição, outra é dirigir um país". Deu-se conta de que fora muito injusto ao criticar velhos líderes regionais, chefes de oligarquias e gente da direita. Afinal, se estão no poder há tanto tempo, esse povo deve ter suas virtudes, concluía, enquanto os panacas dos velhos colegas não chegavam nem a chefes de departamento.

Compromisso com o passado, com os princípios? Sim, claro. Lembrou-se das lições do professor de história, no colégio, do compromisso com o mundo todo. À noite, sonhou que o Brasil tinha finalmente um líder do nível de Nasser, do Egito, Sukarno, na Indonésia, ou mesmo de Tito, da Iugoslávia, e esse líder era ele. Sonhou que se reunia com eles e tirava o poder dos Estados Unidos, da Europa e do Japão, sob a bandeira do terceiro mundismo revisitado. Acordou de manhã, ligou para o presidente e perguntou se ele não queria visitar os ditadores da Líbia e da Síria. Afinal, era um homem de princípios.

Na noite de Natal, fez o balanço do ano e concluiu que fora altamente positivo. E, para não dizer que esquecera do social, distribuiu os vinte pirulitos e brinquedos para os filhos dos funcionários do seu ministério. Pirulitos e brinquedos novos, esclareça-se. Não fora à toa que chegara ao poder.

Um homem íntegro

Há três anos morria Florestan Fernandes, um dos intelectuais mais importantes que este país (tão pobre em intelectuais de verdade) jamais produziu. Seduzida pelo sensacionalismo, a mídia preocupou-se, na ocasião, mais com as circunstâncias de sua morte do que com a perda que o Brasil sofreu. É bem verdade que até por ocasião de seu falecimento Florestan não deixou de denunciar o sofrimento da população, desta vez por conta da saúde pública. Mas faltou dizer alguma coisa sobre este grande brasileiro do qual podia-se discordar, mas nunca duvidar.

Conheci Florestan Fernandes em fins de 1972 ou começo de 1973, quando ele, incapaz de viver no exílio, estava voltando do Canadá. Estávamos na era Médici, o período mais duro da ditadura militar, e a aposentadoria que lhe fora imposta abalara profundamente o intelectual que, até então, investira tudo na universidade. Fomos procurá-lo, o sociólogo José de Souza Martins e eu, para lhe propor a criação de uma revista de ciências sociais que congregasse todos os intelectuais da área de humanas que se opunham ao regime.

A ideia parecia maluca. Mas loucos não eram tão raros na ocasião. Martins aceitou logo a ideia da revista, porém, lucidamente, mostrou que seria necessário termos a cobertura de um intelectual do porte do "mestre", sem o que não conseguiríamos colocá-la na rua e, conseguindo, não conseguiríamos mantê-la aberta por causa da repressão política. Assim, fomos os dois até a rua Nebraska conversar com aquele cinquentão cordial, mas direto, para pedir conivência e cumplicidade. Martins tinha sido aluno e assistente de Florestan na USP. A mim, ele não conhecia, historiador muito jovem ainda, até então mais voltado para estudos da Antiguidade. Florestan tinha pouco a ganhar e muito a perder unindo-se a nós. Entretanto, ele não apenas concordou em compor conosco a comissão editorial, como insistiu para que nomes como Fernando Henrique Cardoso, Octávio Ianni, Francisco Weffort, Sérgio Buarque de Holanda, Paul Singer, Antonio Candido, Maria da Conceição Tavares, Francisco Iglésias e muitos outros aceitassem fazer parte do atuante conselho de redação da revista. Segundo Florestan, prender toda essa gente causaria repercussão no exterior que não interessava ao governo. Assim surgiram *Debate & Crítica* – que foi fechada pela repressão após seis importantes números – e uma amizade que duraria, de forma mais ou menos intensa, até a morte de Florestan.

Descubro agora que o que mais me impressionava nele não era seu imenso saber sociológico, nem sua espantosa cultura geral que atingia os aspectos mais insondáveis do conhecimento, nem mesmo sua capacidade didática de homem sempre disposto a ensinar, nem sequer a variedade e profundidade de sua produção, ou mesmo sua liderança intelectual e talento para criar e dirigir um dos mais brilhantes grupos de intelectuais já reunidos, em torno de sua cátedra de Sociologia. Por mais que estes aspectos fossem relevantes, chamava a atenção seu sentimento de responsabilidade pessoal – quase messiânica – para com a desigualdade e a injustiça social. Várias vezes vi Florestan prostrado, impotente, diante do Brasil do "milagre econômico": achava que era sua tarefa ajudar a encontrar uma saída para o país.

Ao contrário do que se propagava, Florestan não era apenas um animal pensante ou político. Após algum tempo de convivência, descobri um Florestan diferente. Falávamos de tudo, inclusive de suas (e minhas) angústias e frustrações. Delicado e atencioso, sempre enviava cartões carinhosos e chegava ao extremo de ir a festas de aniversário, mesmo sem poder beber. Prestativo, surpreendia a todos ao madrugar para fazer o café após uma noitada de jogo de buraco com amigos em uma casa de praia. Aceitava, com prazer, o coloquialismo irreverente de meu filho pequeno, enquanto os maiores intelectuais do país (inclusive o atual presidente da República) só o tratavam de "senhor" e "professor".

Os anos mudaram sua forma de atuação, mas não seus princípios. Seus pronunciamentos na Câmara Federal, mesmo contestados por muitos, eram respeitados por todos. Contrário a saídas individuais, íntegro, no sentido mais radical da palavra, coerente aos seus princípios, Florestan morreu buscando uma saída para o país: recusou-se a fazer o transplante, que talvez pudesse salvá-lo, fora do Brasil.

Um país sem educação?

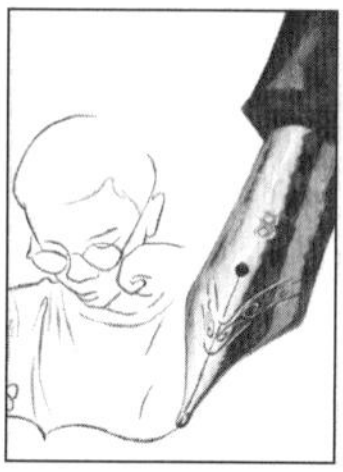

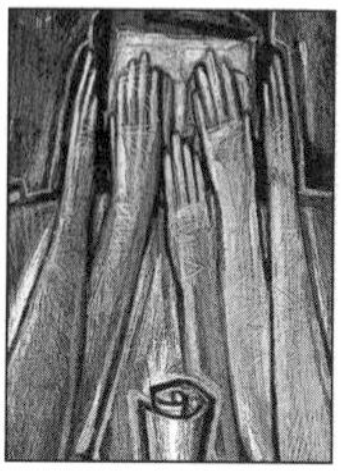

Educação e inclusão social

Inclusão social é a bandeira da moda. Com a qual, parece, estamos todos de acordo. E como temos pressa, justificada mais por prazos políticos do que por séculos de exclusão, planejamos operações afoitas e tentamos justificá-las politicamente. Partimos de princípios dignos e generosos e passamos diretamente para táticas de implementação, saltando a necessária fase de planejamento estratégico. O resultado, usando metáfora futebolística tão a gosto do presidente Lula, são firulas mais ou menos aplaudidas pela plateia, mas ausentes de gols.

Falo, é claro, da área social, particularmente da educação. Por mais que me encante a ideia de se alfabetizar todos os adultos deste país, não podemos nos esquecer de duas coisas. Primeiro, ler não é como andar de bicicleta que, dizem, depois que se aprende não se esquece mais. Alfabetizar pessoas que não continuarão a ler pode ser e provavelmente será inócuo, caso não se consiga inserir os alfabetizados adultos no mercado de trabalho e na sociedade, de forma diferente da que eles já estão, bem ou mal, inseridos.

Alguns meses após concluirem seu curso, com enorme esforço (além de grande investimento da sociedade), e declararem em cadeia nacional de televisão que se sentem outras pessoas, os adultos voltarão ao seu círculo social em que a leitura não tem vez e, assim, todo o investimento feito será jogado pela janela. Talvez mais tarde devamos e até possamos pensar nisso, mas, de momento, temos outras prioridades na educação se não quisermos, durante décadas, nos preocupar apenas em corrigir "problemas seculares".

A prioridade é escola pública de qualidade para todos; o que, aliás, está no próprio programa do PT. Não tem cabimento continuarmos a desperdiçar tantos talentos que não chegam a desabrochar por carências da educação formal, principalmente a de responsabilidade da escola pública. Que ela pode ser boa, não há dúvida alguma. Mesmo nas condições atuais, vemos ilhas de excelência espalhadas pelo Brasil, gente idealista que dá muito mais do que recebe. Mas se continuarmos do jeito que está, as ilhas não se multiplicarão.

E olhem que a escola pública, no ensino elementar e médio (os antigos grupos escolares, ginásios e colégios), era muito boa, estava entre as melhores. Alunos que conseguiam entrar em escolas públicas eram motivo de orgulho para suas famílias de classe média (perguntem onde estudaram pessoas como a filósofa Marilena Chauí, o promotor Antonio Visconti, o maestro Isaac Karabtchevsky, o jornalista Alberto Dines e tantos outros). Nosso velho e bom Colégio do Estado, em Sorocaba, tinha um excelente quadro fixo de professores concursados, que se empenhavam em educar para a vida aquele punhado de filhos da classe média.

Ao ampliar sua base de atuação, ao se transformar efetivamente em escola pública, o sistema desabou. A privatização do ensino para os filhos da classe média ocorreu junto com a privatização da saúde, do transporte e, como já está acontecendo e vai se intensificar, com a previdência. Se quiséssemos atribuir o processo a uma mente maligna, diríamos que o raciocínio funciona na base do "quem pode pode, quem não pode tem de se consolar com os sistemas públicos".

Além de cruel, preconceituoso, até mesmo segregacionista, nosso sistema de educação acaba criando, no momento do vestibular, distorções absurdas, quando as vagas dos cursos mais disputados das melhores universidades públicas (e gratuitas) ficam com os que fizeram as melhores e mais caras escolas de ensino médio. Em contrapartida, os filhos do proletariado, se quiserem estudar em uma faculdade, têm de se conformar com escolas privadas, nem sempre de boa qualidade (aqui também temos ilhas de excelência, mas essa não é a regra) ou com cursos de licenciatura em boas universidades públicas (uma vez que a carreira de professor do ensino público elementar ou médio atrai, cada vez menos, os jovens de classe média). Isso tudo tem um nome: reprodução da desigualdade.

Outra distorção que ocorre é que, cretinamente, limitamos o espectro de pessoas preparadas ao não aproveitar o potencial deste país imenso, com uma população de quase duas centenas de milhões de habitantes. Da quantidade vem a qualidade, essa é uma velha lei não revogada, a não ser quando impedimos um enorme contingente de se desenvolver adequadamente e de ter, pelo menos, oportunidades iguais, ou equivalentes. E nós cometemos também essa asneira ao estabelecer, na prática, um verdadeiro sistema de castas em que, em um extremo, continuamos encontrando arrogância e, no outro, dissimulação. E não me acenem com pessoas que romperam os limites de seu espaço social, pois, além de exceções, o frequente processo de cooptação de que são objeto mantém o cruel sistema inalterado.

Tudo bem com Fome Zero, com cotas, com assistencialismo disfarçado, desde que isso seja algo emergencial e passageiro e caminhe junto com um plano estratégico de democratização da sociedade. E isso passa, é necessário insistir, pela escola de qualidade para todos, o que não se consegue sem professores qualificados e motivados. Por seu lado, tal conquista só será obtida por meio de uma mobilização nacional a favor da educação para todos e não de esforços esporádicos.

Professores e alunos de pós-graduação das universidades federais, estaduais e de boas faculdades particulares devem ser chamados para colaborar nesse esforço. Verbas diretas, política de bolsas de estudo, assim como valorização dessas atividades nas pontuações de cursos podem estimular o envolvimento de todos.

Escola pública de qualidade para todos. Tudo indicava que essa seria uma das verdadeiras prioridades do governo Lula. Esperamos mesmo que seja.

Analfabetismo diplomado

Uma amiga historiadora decidiu fazer um curso de primeiros socorros no Incor, em São Paulo. Como convivesse com pessoas mais velhas, achava que poderia ser útil em situações emergenciais, antes que o socorro médico chegasse. Após longa peripécia, pagou a taxa de inscrição e esperou ser chamada, o que demorou alguns meses. Por uma falha da burocracia do hospital, de resto tido e havido como modelar, acabou por agregar-se a um grupo de alunos da área médica (estudantes de Medicina, enfermeiros e auxiliares de enfermagem, principalmente). No final do curso, compacto (um dia só), eficiente e, segundo ela, "muito puxado", foram realizadas provas em que ela tirou uma das melhores notas do grupo. Espantei-me com sua performance e busquei explicações que justificassem o fato de uma pessoa tão avessa à área médica poder superar quase todos os colegas profissionais de saúde e tirar um 8,8, pouco abaixo da maior nota do grupo, um 9,1. A não ser que se tratasse de uma vocação secreta irrefreável, parecia impossível que uma pessoa que às 7h da manhã de um domingo não conhecia nada sobre o assunto poder, no final da tarde do mesmo dia, ser melhor que os outros em procedimentos tão distantes do ofício do historiador como respiração boca a boca, massagem cardíaca e por aí afora.

Abandonada a hipótese absurda da genialidade reprimida, a única outra que resta é que ela tinha a enorme vantagem de entender o que era formulado nas provas, ao passo que, para muitos dos colegas, as palavras impressas com as perguntas pareciam grego... Lembrei-me imediatamente de alguns programas televisivos de perguntas e respostas tipo Show do Milhão e de como eles me deixavam desanimado: as pessoas não só não tinham um conjunto de referências culturais mínimo, como simplesmente não entendiam o que lhes era perguntado. Quando o apresentador traduzia a pergunta, ou dava concretude ao conceito, várias questões eram respondidas satisfatoriamente. Em resumo, as pessoas não entendem o que leem. Assim, não há como gostar de ler.

Fico pensando em como somos um país que adora aparências. Gostamos de pensar, ou fingimos pensar que somos todos iguais diante da lei, quando basta observar a qualidade de advogados que o dinheiro pode comprar, a diferença de cela em que universitários e não universitários são trancafiados, a demora na finalização dos processos quando há um empenho nesse sentido, a justiça de classe para nos darmos conta de que, como dizia cinicamente Getúlio Vargas, "a lei... ora, a lei". Fingimos estar numa ilha aonde o preconceito não chegou, mas os jogadores negros são chamados de "macacos" em qualquer estádio de futebol por colegas de outros times e torcedores adversários, as diferenças de remuneração são abissais e prejudicam mulheres e negros, peões de obras ainda são "baianos" em São Paulo e "paraíbas" no Rio de Janeiro e as calçadas de nossas cidades não permitem um caminhar tranquilo de idosos, grávidas e crianças, para não dizer do completo desprezo com que portadores de qualquer tipo de deficiências são tratados pelos responsáveis pela administração municipal. De qualquer partido. E agora fingimos que o ensino público está em via de se tornar universal, para alegria dos que se fiam em estatísticas, mas profunda decepção dos que têm um compromisso sério com a educação.

A reprodução da desigualdade, um dos aspectos mais cruéis das sociedades, que poderia ser mitigada em parte pela escolarização, acaba tendo no próprio processo de escolarização uma das faces mais evidentes e cruéis. Uma autora de livros infantis e juvenis de grande prestígio, que por militância visita classes em escolas públicas de sétima e oitava séries, escrevendo livros hipotéticos em conjunto com os alunos, me contou que a felicidade dos adolescentes com sua presença é espantosamente desproporcional ao seu nível de compreensão das leituras feitas, que é inferior ao resultado obtido por ela em quartas séries de escolas particulares de bom nível! Não é, pois, o caso de nivelar por cima o ensino fundamental antes de universalizar o ensino médio para toda a população? E, então, proporcionar um ensino médio de ótimo nível que não leve, necessariamente, os alunos de escola pública a se conformar com as faculdades particulares, algumas das quais de muito baixo nível, enquanto os cursos mais concorridos das melhores faculdades públicas ficam com os alunos das melhores escolares particulares?

Nada contra as universidades particulares, algumas resultado de investimentos humanos e empresariais notáveis, mas é ainda na universidade pública, prioritariamente, que ficam os cursos de excelência, onde existe pesquisa e são oferecidas as melhores possibilidades profissionais aos alunos. Muito melhor do que estabelecer cotas para minorias seria ter um ensino médio democratizador que permitisse o ingresso dos melhores e não apenas dos que tiveram pais mais ricos. Teríamos, assim, a escola não como reprodutora das desigualdades, mas como instituição democrática.

Professores mais motivados, leitores, escolas bem aparelhadas (não com parafernálias eletrônicas, mas com salas arejadas, carteiras confortáveis e, principalmente, boas bibliotecas) constituem-se pré-requisito para uma escola democrática. É possível? Evidentemente. É viável? Seguramente. O momento é este. Basta de analfabetismo diplomado.

Para que serve o professor?

Todo começo de ano é a mesma coisa: jornais apresentam a lista dos aprovados no vestibular, revistas fazem reportagem sobre os "segredos" dos que entraram nas melhores faculdades, rádios noticiam trotes e até as tevês se lembram de que a educação existe. Alguns professores manifestam-se a favor da aprovação "automática", outros são contra; afoitos, confundem algumas boas universidades privadas com as unidrogas e unigranas que infestam o país e decretam a falência do ensino público, por caro e ineficiente (esquecendo-se dos hospitais universitários que sustentam, da pesquisa que promovem e dos quadros de todo o país que formam em seus cursos de mestrado e doutorado). Os moderninhos falam da internet como substituta dos livros de pesquisa, do telecurso gravado como substituto do professor e das aulas moduladas, padronizadas e pasteurizadas, vendidas aos pacotes, como saída única para os cursos de ensino médio.

Por mais que eu me prepare para esse conjunto inarticulado de besteirol pós-carnavalesco, sempre me surpreendo. Será que é má-fé ou ignorância mesmo? Opto por uma mistura variável desses elementos, acrescida de uma dose não desprezível de irresponsabilidade. Educar, afinal de contas, é um negócio sério, não um negócio qualquer. Mesmo que muito rentável. E mesmo que uma importante fatia da classe média tenha desistido de educar os próprios filhos.

Sim, pois essa história de terceirizar tudo, da atenção aos idosos aos cuidados com os bebês, da convivência com os moribundos até a transmissão de conhecimentos, nunca foi tão generalizada nas sociedades humanas como hoje em dia. Nossos velhinhos são generosamente despachados para fora de nossas casas, uma vez que a figura do sábio experiente não tem mais lugar em um meio em que interessa mais a velocidade e o número de informações, não sua qualidade ou profundidade. Bebês são tolerados, desde que venham acompanhados de babás: o mundo das formas perfeitas exige mães enxutas, não dedicadas. A morte, acompanhada de todo o seu ritual de passagem, que consiste em uma despedida e no envolvimento de toda a família, foi substituído por convenientes mas solitários falecimentos hospitalares, em que o agonizante é apenas o usuário do plano de saúde X ou Y, o ocupante do leito tal da UTI, o paciente do dr. Fulano, e nunca um ser completo, com história pessoal, profissional e descendência.

Na educação é a mesma coisa: enviar uma criança para a escola, hoje em dia, é esperar que lá ela receba tudo. A maioria dos pais abdicou do direito de educar os próprios filhos em nome da falta de tempo e da incompetência. De casa eles apenas saem com a informação de que o professor é um coitado, ganha pouco, mas o pouco que ganha é pago por ele, aluno e seus pais, donde não passa de um empregado seu. Neste país que arrota valorizar a educação, ouço frequentemente histórias de desrespeito e humilhação contra os mestres. E, contudo, eles estão se tornando cada vez mais importantes... Um filme recomendado por um professor, um juízo de valores que ele formula, um livro que ele indica podem abrir universos ou fechar caminhos.

O professor bem formado e sensível percebe cada aluno como um ser especial, podendo marcá-lo de maneira indelével para o resto da vida. Eu me lembro até agora de alguns grandes mestres que tive a sorte de ter, como o professor João Tortello, que só sossegou quando conseguiu me transformar de machadófobo em machadólatra. Tortello, leitor sutil de Machado de Assis, insistia comigo, leitor voraz de tudo que me caía às mãos, que saborear, aos poucos, pode ser muito mais proveitoso do que devorar rapidamente. Ou como o professor Ruy Nunes, tomista de quatro costados, que, por conta de sua apologia aos filósofos de linha católica, me fez ler Bertrand Russell e todos os autores agnósticos importantes, para poder questionar suas ideias.

Ser professor é estabelecer um diálogo entre o patrimônio cultural da humanidade e a cultura do educando. Isso supõe, por um lado, um profissional culto, com visão crítica, sem dúvida, mas orgulhoso do fato de pertencermos à espécie humana, por tudo o que já criamos de bom. Supõe-se, por outro lado, um educador sensível, capacitado a perceber o universo cultural dos jovens alunos, diferentes uns dos outros devido à localização geográfica, origem social, valores trazidos e assim por diante. O bom professor é, portanto, aquele que não tenta impor apostilas prontas, que não treina, mas educa. Cães devem ser treinados, seres humanos devem ser educados.

Não adianta encher as salas de telinhas ou telões: na internet, na tevê, na mídia, as pessoas se informam. Organizar as informações, quem deve fazer é o professor. E o livro. No livro, em vez da atenção difusa e atomizada de videoclipe que a "pesquisa" de internet propicia, temos tempo de ler, reler, refletir, sem apelos luminosos nos agredindo de todos os lados. Com isso desenvolvemos um pensamento articulado, bem organizado. Significa que não leitores não podem conseguir bons empregos? Não, significa apenas que não leitores são incapazes de criar sistemas, embora possam aplicá-los muito bem. Bom professor e bons livros são a melhor maneira de criarmos no país uma elite pensante e criadora, independente, capaz de fazer as próprias escolhas. Ou no nosso projeto de globalização nos cabe apenas o papel de aplicadores de sistemas alheios?

Por uma escola pública de qualidade

Foi uma festa da cultura: centenas de milhares de pessoas saíram de casa entre 25 de abril e 5 de maio para visitar a Bienal do Livro de São Paulo. Mais: quase metade dos visitantes não morava em São Paulo, o que demonstra que o evento ocupa, efetivamente, um importante papel entre as atrações culturais da cidade. Culturais, sim, pois além de dezenas de milhares de títulos, praticamente toda a produção editorial brasileira, exposta em quase vinte mil metros quadrados de estandes, a Bienal do Livro promoveu dezenas de palestras, debates, mesas-redondas e seminários, incluindo o Salão de Ideias, para o público em geral, e o Projeto Universidade, destinado a aprofundar temas e promover o encontro entre professores e universitários. Todos os eventos muito concorridos e com troca de ideias e experiências que resultaram em uma aproximação entre o saber acadêmico e os responsáveis pelas políticas públicas.

Um dos debates mais interessantes foi aquele em que se discutiu a possibilidade de haver uma escola pública de qualidade. A simples formulação da questão indica sua existência, ou melhor, inexistência, uma vez que é lugar-comum dizer que a escola pública de hoje não tem qualidade, se comparada ao que já foi. É verdade que nem toda escola particular é boa, muitas não passam de caça-níqueis mais ou menos sofisticados, em que a vontade de inserir os filhos num ambiente social "selecionado" leva muitas famílias a fazerem longos e inócuos sacrifícios sem resultados apreciáveis. Mas, ao contrário do que acontecia há algumas décadas, no rol das grandes escolas de ensino fundamental e médio não pontificam mais os antigos colégios estaduais, mas sim os particulares, sempre muito caros e, por isso economicamente seletivos.

A questão, portanto, se impõe: é possível uma escola pública de qualidade? Antes de mais nada, tem de ser possível, pois é lei e está na Constituição. Tem de ser possível, ainda, porque é uma forma de permitir igualdade de oportunidades (ou quase isso) entre os que podem pagar uma escola particular e os que não podem. O oposto seria (ou é) reproduzir a desigualdade. Tem de ser possível também por ser uma imposição ética. E, afinal, somos ou não seres éticos?

Talvez alguém não tenha se deixado impressionar com as razões de princípio acima elencadas e solicite argumentos mais práticos, motivos mais concretos. Lá vão eles: só uma escola pública de qualidade pode nos fazer, como país, dar o salto qualitativo que tanto aspiramos, por meio da qualificação de nossos jovens. Um país cuja população não sabe ler. Que, quando sabe, lê pouco, e quando, finalmente, lê, pouco entende (segundo a constatação insuspeita de um órgão da própria ONU) e não tem muitas chances em um mundo competitivo e exigente em termos de qualificação de sua força de trabalho. Há mais: a era de comunicação e serviços em que estamos prestes a viver tende a substituir a força física pela sutileza e pela educação formal. Os países que não agirem a favor da história ficarão fadados a se distanciar cada vez mais daqueles outros, ricos ou não, que colocam a educação como prioridade real.

O fato é que ainda não temos uma escola pública de qualidade, mas, ao contrário dos pessimistas, creio que ela ainda é possível, além de desejável, e que de alguma forma demos alguns passos, embora tímidos, em sua direção. Tivemos, há tempos, aquela escola pública que nossa geração frequentou, prezado leitor, nós da classe média e uns poucos e excepcionais alunos oriundos de famílias pobres. Mais tarde deu-se o sucateamento dessa escola pública: quando ela se tornou acessível a todos, os detentores do poder decidiram que pobre não precisa de escola boa. Felizmente, nesses últimos anos a qualidade média de nossos governantes, em geral, melhorou, assim como melhorou o nível de seus assessores na área da educação. Tanto em âmbito federal, como em vários estados e muitos municípios, geridos por diferentes partidos políticos, implantou-se a consciência de que a educação de qualidade é, de fato, um direito do cidadão e um dever do Estado. Sei que em vários municípios procura-se escamotear a legislação e inclui-se como despesa de educação as viagens da primeira-dama ao *shopping* da cidade grande mais próxima ou a pescaria do senhor alcaide com sua curriola no Pantanal. Mas essa não é mais a regra: já existe a consciência, pelo menos.

O que falta, então? A meu ver, além da óbvia remuneração decente aos professores – condição necessária, mas não suficiente –, falta uma grande mobilização nacional a favor da educação, envolvendo as universidades federais e demais universidades públicas e até várias particulares, com a finalidade de qualificar, requalificar e atualizar todos os professores da rede pública brasileira. Algo grandioso mesmo, algo que mexesse com o país todo, fazendo com que o saber, por vezes estéril, da universidade brasileira circulasse pelos confins do país, frutificando e reproduzindo-se. É um programa de governo factível, desde que se tenha vontade política para tanto, uma vez que o Brasil entra no século XXI depurado de estruturas oligárquicas regionais que pareciam invencíveis e atento contra a apropriação do público pelo privado, traços que marcaram nossos primeiros quinhentos anos de existência.

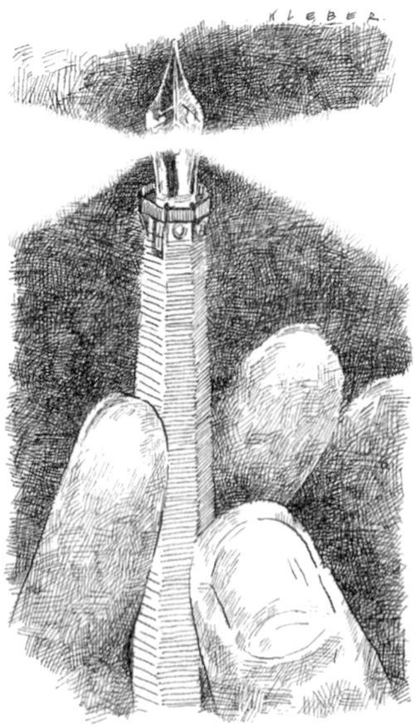

Afinal, o que quer o professor?

Durante três anos e meio, fala-se da educação como a salvadora da pátria. Exalta-se a importância do professor, lembra-se de que ela é a base de um desenvolvimento sustentável, a ponte que pode aproximar os pobres dos ricos (tanto pessoas como países). À medida que as eleições presidenciais se aproximam, o tema vai perdendo relevância, escondido que fica por questões dominantes como as soluções miraculosas dos economistas e as manifestações de esperteza explícita dos marqueteiros. A falta de análise crítica nos leva a exaltar tanto uns quanto outros, enquanto esquecemos de que para cada marqueteiro vencedor haverá vários derrotados (exatamente como aconteceria com os candidatos se eles não existissem) e de que economistas têm um nível de acerto equivalente ao de um relógio parado, que, afinal de contas, duas vezes por dia, indica a hora correta. A educação, ora, a educação é citada nas páginas internas dos volumosos programas dos candidatos, mas nunca submetida a uma discussão ampla, como temas totalmente irrelevantes o são (quantas vezes não lemos e ouvimos referência ao terno possivelmente Armani do Lula, a um alegado mau humor de José Serra, a uma verborragia supostamente excessiva do Ciro Gomes e sei lá o mais quê).

O fato é que o Brasil se encontra, sim, em um momento muito difícil de sua trajetória e, se não superar algumas barreiras que o impede de se desenvolver, estará destinado a, durante muito tempo, permanecer no limbo das promessas não realizadas, do potencial que não se transformou em ato, no dizer do filósofo. E é evidente que a educação formal pode desempenhar um papel central, para o bem e para o mal. Afinal, se a escola pública era tão boa quando atendia quase exclusivamente à classe média urbana, pode ser boa quando atende a toda população. Mas não do jeito que está.

Não há substituto para o professor. Ele desempenha a função de estabelecer uma conexão entre o patrimônio cultural da humanidade e a cultura do educando. Isso pressupõe um professor culto e interessado, versado nas conquistas que o homem obteve neste planeta em tão poucos milênios de civilização, de um lado, e no universo onde vive e atua seu aluno, de outro. Se não for estudioso e sensível, poderá não saber que os artistas do Renascimento italiano são mais importantes do que os banqueiros que conduziam a economia naquela época, que a virada do século XVIII para o XIX tem como figura central Napoleão, mas que o genial Beethoven talvez tenha influenciado mais pessoas até hoje com sua música do que o conquistador corso. Ser culto implica conhecer, explicar e condenar os crimes nazistas, no século XX, mas implica também reconhecer que foi o período em que diferentes minorias ganharam direitos, em que a pílula anticoncepcional e a minissaia apareceram, em que Einstein tentou explicar o universo e Freud a alma humana. Em que produtores foram substituídos por servidores, em que as indústrias ganharam tal escala de produção que transformaram o mundo em um planeta de desempregados. E conhecer significa ler, estudar. E conversar sobre temas relevantes, não só sobre quem traiu quem com quem na última novela das oito.

Mas isso tudo não basta para ser um bom professor. É ainda necessário conhecer o universo cultural do educando, seu ambiente, história familiar, referências culturais. Sem isso o professor não conseguirá desenvolver um trabalho, que lhe compete, de apresentar ao aluno toda a herança cultural que nossos ancestrais e nós mesmos construímos para ele. E como fazer isso correndo de escola em escola, ziguezagueando pelo trânsito das grandes cidades num carro velho e pequeno, preocupado em não perder a hora, sem tempo de se fixar, de conhecer os alunos, de olhar bem no rosto de cada um, gravar fisionomias e anseios, inquietações e medos? Como dar uma boa aula devorando superficialmente as informações que o próprio livro escolar oferece, mal sabendo ele mesmo o conteúdo que deveria conhecer a fundo para poder ensinar?

Claro que há professores que não mereceriam esse título. Aqueles que, achando que ganham pouco, justificam suas aulas mal dadas sob a alegação de que seu trabalho deve equivaler à sua remuneração. Os preguiçosos e irresponsáveis, que não se dão conta de que cometem um grande erro ao descarregar no aluno as injustiças salariais de que eles são vítimas. Os palanqueiros, que se aproveitam do privilégio de terem plateia cativa para fazer proselitismo religioso ou político. Os superficiais, que criticam conceitos e concepções sem dar aos alunos a oportunidade de conhecê-los. Os preconceituosos, que em vez de utilizar a escola para esclarecer equívocos e amainar preconceitos, fazem com que ganhem consistência, repetindo frases feitas contra minorias sexuais, religiosas, nacionais, regionais e, principalmente, raciais.

Mas se enganam aqueles que pensam que nosso sistema educacional está sucateado, que nossos professores não têm iniciativa, que se transformaram em funcionários burocráticos do ensino e apenas reclamam de suas condições salariais quando solicitados a se manifestar sobre os problemas da educação. Só quem está muito distante da realidade dos educadores não sabe e a Secretaria de Educação do Estado de São Paulo só fez comprovar em pesquisa realizada: mais do que melhora nos salários, o que os professores desejam é valorização profissional. Não que não se sintam mal remunerados, mas, antes de mais nada, se sentem desejosos de formação continuada, processos contínuos de capacitação. Têm consciência de suas limitações e querem lutar para superá-las. O país precisa de um programa que una a nação em torno do projeto educacional. Quem se habilita em executá-lo? O professor, pelo menos, sabe o que quer.

Um país sem leitores?

Ler é chato. Será?

O tempo histórico não tem um compromisso muito grande com o tempo cronológico, ou mesmo com o tempo psicológico: décadas no Egito dos faraós podem corresponder a anos no período da expansão ibérica ou meses do século XXI. A percepção da velocidade do tempo histórico decorre do ritmo dos acontecimentos, assim como da rapidez dos meios de transportes e comunicações. Talvez por isso, sempre que estamos em algum local tranquilo, geralmente no interior, somos tentados a dizer que ali as coisas não acontecem e que é como se estivéssemos em pleno século XIX. É possível que, para evitar a ideia de que possamos ser vistos como retrógrados, ou fora do nosso tempo, busquemos acelerar tudo: músicas não podem ser lentas, filmes buscam ritmos alucinantes e, se não tiverem dois mortos por minuto de projeção, em média, são considerados acadêmicos. Propaga-se a ideia idiota de que tudo que não é muito veloz é chato. O pensamento analítico é substituído por "achados", alunos trocam a investigação bibliográfica por informações superficiais dos sites "de pesquisa" pasteurizados, textos bem cuidados cedem espaço aos recados sem maiúsculas e acentos dos bilhetes nos correios eletrônicos. O importante não é degustar, mas devorar; não é usufruir, mas possuir apressadamente. O tempo, o tempo correndo atrás.

Não que eu queira fazer a apologia da lentidão e da ineficiência, mas um bom concerto é feito tanto de bons allegros quanto de dolentes adágios. Além disso (e Charles Chaplin já percebia isso no início do século XX, *Tempos modernos*), ser humano é dominar a máquina e não ser no filme por ela dominado. E aí, a meu ver, se estabelece uma das principais distinções entre ler e ver televisão. Você pega o livro, olha a capa, a contracapa, folheia sensualmente suas páginas e escolhe, livremente, aquela que quer ler. Pode pular pedaços, começar pelo fim, reler várias vezes trechos que amou, para decorar, ou que odiou, para criticar. Desde que seja seu, você pode escrever no livro (para isso ele tem espaço em branco): livro rabiscado é sinal de leitura atenta. Nada como retomar um livro lido anos atrás e ler nossas próprias notas: se forem ingênuas, rimos com a condescendência de quem cresceu; se forem brilhantes, nos preocupamos com nossa estagnação. Você estabelece o próprio ritmo de apreensão do escrito, seja ele ciência, seja ficção. Tantas vezes me deparei lendo lentamente o final de um livro pelo qual me apaixonara e do qual não queria me separar...

Já a telinha é autoritária. Ela começa o assunto quando bem entende, faz as pausas que quer, inserindo as propagandas que deseja, determina o ritmo, diz quando e para onde devo olhar. Se não estou no poder, então, é pior ainda. Tenho que ver jogo de time de que não gosto, pedaço de novela babaca, entrevistas sem sentido, assassinatos sem conta, tudo num volume superior ao que suporto, mas que não tenho como regular, pois estou sem o controle remoto nas mãos. Mesmo quando vejo um vídeo ou um DVD, em que posso controlar algumas dessas variáveis, lido com o personagem e a paisagem imaginados por outro, emboto a minha imaginação e me curvo diante de heróis e mocinhos prontos e iguais para todos, enquanto, no livro, cada um sonha como quiser e puder. Não é por outra razão que dificilmente gostamos de um filme baseado em livro que já lemos, mesmo quando a película é de boa qualidade como *O nome da rosa* ou *Vidas secas*.

Antes que alguém pense que sou contra o cinema, ou até a televisão, devo dizer que isso não acontece, mas é que ando mesmo um pouco preocupado. Já não há mais quase nenhum consultório, laboratório e até sala de espera em prontos-socorros de hospitais que não tenham a sua televisão. E, o que é pior, ligada. O infeliz chega quebrado, estropiado, ou apenas dolorido, e se lhe impinge humor chulo, falsas "pegadinhas", loiras igualmente falsas, com síndrome de eternas adolescentes, de botinha e coxas de fora, animando crianças de olhares perdidos, conversas de pessoas confinadas que não têm o que dizer, entrevistas com pessoas que estiveram confinadas e que continuam sem ter o que dizer, e por aí afora. A sala tem pouca iluminação, já nem sequer tem aquelas revistas semanais atrasadas. A luz que falta e o ruído que sobra impedem que os que trouxeram seus livros possam ler. As pessoas olham para a telinha, olham-se umas às outras e sua própria condição. Com um livro na mão poderiam estar viajando, sonhando, aprendendo, conhecendo gente e lugares interessantes, ideias fascinantes, desbravando, questionando, maravilhando-se. Contudo, continuam sentadas olhando umas para as outras e para a telinha, que cobra o tributo da dependência, da elaboração de frases feitas e ideias gastas.

A ideia de que livro é chato só pode partir de quem não sabe o prazer que a leitura proporciona. Assim, quero lançar aqui um pedido ou vários: aos médicos, para que iluminem melhor suas salas de espera, o que, além de deixá-las menos lúgubres, permitiria que as pessoas pudessem ler enquanto esperam. Aos hotéis, para que não se esqueçam de colocar luz de leitura nos quartos. Uns e outros poderiam manter uma pequena biblioteca ao alcance dos clientes. A concepção bastante corrente em nosso país de que diversão está sempre e necessariamente ligada ao ruído e ao álcool só pode partir de alguém que não gosta de fato do Brasil. E ele ainda merece uma oportunidade. Ou não?

Uma história de família. E de livros

Quando meu pai chegou aos 24 anos, foi chamado para uma conversa particular com seus pais, dona Paulina e seu Maurício, e comunicado, sem rodeios, que já era chegada a hora de ele pensar seriamente em constituir família. Antes que tivesse tempo de esboçar qualquer reação, foi avisado também de que as terras em que os Pinskys viviam eram insuficientes para alimentar mais bocas e que lhe cabia sair para o mundo para batalhar seu sustento. Homem forte e musculoso, acostumado ao trabalho da terra, estranhamente moreno para alguém nascido na Rússia Branca, bonitão a ponto de ser assediado pelas garotas da colônia de Baronesa Clara, perto de Quatro Irmãos, no Rio Grande do Sul, Abrão sentiu que sua vida sofreria nova guinada.

A primeira ocorrera quando abandonara, com seus pais e cinco irmãos, a casa onde nascera e crescera na cidadezinha de Prujane, não muito longe da cidade de Pinsk, então Polônia. Emigraram não porque vivessem propriamente mal. Seu pai tinha alguma terra, onde plantava cereais e havia comprado um moinho no qual beneficiava os grãos de seus vizinhos, que lhe pagavam pelo serviço em espécie. Somando com o seu, era trigo suficiente para alimentar bem os seis filhos e dois sobrinhos, que os próprios pais não conseguiam sustentar. A mesa não era variada nem luxuosa, mas muito farta, à base de pão, massas e batatas, arenques, laticínios e vegetais da estação. Carne era artigo de luxo, e frango, sob a forma de canja, remédio para os adoentados. Ovos à vontade complementavam as refeições. Meu pai se lembrava com muito carinho de alguns almoços em família, a panela fumegante sendo atacada por garfos afoitos, que lambuzavam as batatas lá obtidas com muita manteiga batida pelas mulheres e acrescentavam um naco de arenque para completar a refeição.

A vida não era, portanto, ruim. Todo mundo estudava, mesmo as meninas, algo não tão comum nos países da Europa Central por volta de 1920. O que não dava mesmo para segurar era a instabilidade política em uma região que fora do império czarista, da Lituânia, e naquela época pertencia à Polônia. A Revolução Russa de 1917 traumatizara ainda mais a área, onde havia judeus vivendo havia já sete séculos e onde desenvolveram a cultura da língua iídiche, com seus valores, padrões de comportamento e até personagens próprios, diferentes das de outras comunidades judaicas em qualquer lugar do mundo, em qualquer época. Mas, como dizia, era uma época de mudanças em que a instabilidade política se transformara em psicológica, o medo aconselhava a busca de outras opções e o Brasil era apresentado como parte da América, região em que, como todos sabem, o dinheiro dá em árvores e as ruas são pavimentadas com barras de ouro justapostas. Assim, Paulina e Maurício venderam tudo o que tinham, terras, casa e moinho, galinheiro e horta, e empreenderam a longa viagem para uma terra mais pacífica e tranquila, o Brasil.

No começo, a vida foi muito dura. As terras tinham de ser roubadas à floresta, palmo a palmo, uma vegetação fechada como nunca haviam visto na Europa. Depois de um dia puxado, com a ajuda de todos, o banho, a refeição e cama. Apesar de a casa ser pequena, cada um carregava a sua vela acesa e seu livro para a cama: a leitura era sagrada. Os grossos volumes, romances e coletâneas de contos, eram lidos por todos e discutidos à mesa. Quando o estoque de livros trazidos da Europa se esgotava, meu avô ia até os vizinhos intercambiar volumes. De volta à casa, era esperado pelos vorazes leitores, que namoravam com reverência as obras recém-chegadas e esperavam a sua vez para deles se utilizar. Imagino a cena como a de um caçador trazendo carne para os filhotes famintos. E não era fome – só que de leitura – o que tinham aqueles meninos e meninas?

Assim cresceu Abrão, entre enxada, foice e livros, amendoim, alfafa, cereais e livros, passeios pela mata, banhos no riacho e livros. Nos fins de semana, enfeitava o melhor cavalo (o único, talvez), colocava uma bela fatiota, o lenço entre o pescoço e a camisa, para não sujar a gola com a terra da estrada, e marchava, garboso, até o local do baile. Lá aparecia, vez ou outra, uma garota, ainda muito nova, mas de uma beleza diferente que deixava o quase caboclo fascinado. Ele se amarrava naqueles cabelos negros e quase lisos, naqueles olhos azuis da cor do oceano, naquela pele clarinha que parecia neve ao lado do seu tom inexplicadamente mourisco, mas, sobretudo, naquele olhar altaneiro e resoluto, de quem sabe o que quer e quando quer. Namorar, não! É muito cedo para mim. Você vai arranjar outra? Isso é problema seu, estou me lixando, Abrão dançava com uma, ficava de flerte com outra. Sua compleição robusta e enxuta, seus braços fortes e abundantes cabelos encaracolados, seu raro senso de humor tornavam-no um dos preferidos das mulheres, algumas das quais bem bonitas, mas quem tirava Léa do coração de Abrão?

Assim, após ser chamado pelos pais, como contei no início desta conversa, Abrão decidiu. Iria, mas levaria Léa consigo.

Para não deixar o possível leitor em suspense desnecessário, precipito os acontecimentos. Léa aceitou Abrão como namorado, ele foi para a cidade com o objetivo de "se arranjar" um pouco e depois voltar para se casar com ela, acabou se instalando em Sorocaba, onde, após vender quadros de santos e outros objetos que tais nos bairros operários da cidade, conseguiu montar uma pequena loja, na qual, me recordo, havia uma pequena biblioteca em iídiche e outra em português.

Desde a mais tenra idade, lembro-me de meus pais lerem para nós, minha irmã e eu, pequenas histórias em iídiche de Sholem Aleichem, Bashevis Singer, Davi Pinski e outros escritores notáveis. Só quando aprendi a ler, com cinco anos, é que descobri que português também era língua literária. Nossa casa tinha luz de leitura em todos os quartos, eu nunca soube o que era dormir sem antes ler. Nem agora.

O livro não morreu. Viva o livro!

Parece que o livro está ressurgindo: em poucos meses estão ocorrendo importantes feiras de livros tanto em capitais como Fortaleza, Salvador, Porto Alegre quanto em cidades médias como São José dos Campos, Ribeirão Preto e Sorocaba, sempre com grande afluência de público. Na Bienal do Livro de São Paulo, que vai de 25 de abril a 5 de maio, quase 20.000 metros quadrados de estandes oferecidos pelos organizadores esgotaram-se rapidamente e não há mais nenhum espaço para ser vendido. Pudera! São mais de cem mil títulos nacionais e estrangeiros à disposição dos leitores, várias centenas de lançamentos com outras centenas de autores presentes. Além disso, teremos palestras, mesas-redondas e debates com todo tipo de autor, seja no Salão de Ideias, seja no Projeto Universidade; será uma maratona intelectual com a presença de historiadores, linguistas, sociólogos, psicólogos, matemáticos, geógrafos, economistas, romancistas e por aí afora.

Temas como distribuição de renda, ensino público, turismo no Brasil, futuro da língua portuguesa, choque de civilizações, violência urbana, gestão das cidades, entre muitos outros, serão objeto de discussões consistentes entre autores de livros que têm muito o que dizer.

O curioso é que há poucos anos a área do livro vivia um ambiente bem diferente do otimismo de hoje: tanto a internet quanto os leitores de textos eletrônicos se apresentavam como substitutos deste muitas vezes centenário e confeccionado em papel impresso. Papeleiros e gráficos temiam pelo futuro de sua atividade e mesmo editores menos informados pensavam que o pão dos seus filhos estava comprometido. Não podia estar. Afinal, na sociedade capitalista, o trabalho do editor (falo agora de não ficção) é transformar um produto cultural em um produto de mercado, para que, na ponta do consumo, ele seja decodificado como produto cultural que era na origem. Para realizar sua função, ele deve ajudar o autor a definir com clareza qual o seu interlocutor e adequar linguagem e forma de modo a facilitar a interlocução. Noutras palavras, ele deve ter instrumentos para promover a circulação do saber. E, é claro, o editor precisa dominar a mídia utilizada para realizar a sua tarefa, seja ela o livro convencional, o CD, a multimídia, o filme.

Mas, como dizia, há poucos anos imaginava-se que o livro, esse objeto de papel pintado, estivesse com os dias contados. Porém ele resistiu porque é insubstituível. E, a despeito do que dizem as más línguas, muito prático. O livro é portátil e autossuficiente. O disquete e o CD serão talvez mais portáveis, mas demandam aparelhos bem maiores, pesados e caros para poderem ser lidos. Um bom livro pode ser carregado para qualquer lugar e é uma companhia maravilhosa em salas de espera (quando a clínica não faz a discutível gentileza de nos brindar com a televisão ligada em lacrimejantes novelas ou sanguinários noticiários), aviões (claro, você tem a opção de encher a cara e ficar olhando para a careca do passageiro da frente), metrô, ônibus. Quando o livro é seu, você pode dobrá-lo, escrever nele (o livro não é Deus nem a mãe da gente, não é sagrado) e anos depois, quando da releitura, se dá conta de sua evolução intelectual. Livro você lê no ritmo que deseja, acelera em algumas partes, degusta lentamente outras, pula o que achar chato, relê algumas vezes as passagens de que mais gosta: nisso ele é diferente do autoritarismo do cinema ou da tevê, que nos impõem o ritmo ao qual bovinamente temos de anuir, concordemos ou não.

Apesar disso tudo, ainda lemos muito pouco no Brasil, país em que, segundo alguns, saltamos diretamente da cultura oral para a virtual, não estacionando na cultura escrita. Outros, mais céticos, dizem que aqui só se faz leitura instrumental, lemos apenas manuais de funcionamento e seus derivados. A crítica, exagerada, não procede. Mesmo porque uma leitura pode levar a outra. E é preferível um leitor limitado a um não leitor, a um televiciado. Não há como comparar o livro à televisão. O enorme número de horas que as pessoas consomem junto à tevê é inacreditável. O grande problema é a facilidade com que acionamos, por controle remoto, os botões e nos deixamos cair nos sofás da sala zapeando, com a ilusão de que o mundo está passando à nossa frente. À passividade da tevê contrapõe-se a necessária postura ativa que a boa leitura nos solicita. Nem é preciso filosofar muito para sabermos quem é mais criativo, inteligente, inovador, o passivo telespectador ou o leitor que, mesmo quando lê uma bobagem, pelo menos tem de se dar ao trabalho de imaginar cenários e personagens.

A sensação que tenho – e não disponho de números para comprovar – é que, ao lado de uma multidão de passivos, a nação tem engendrado um importante contingente de seres pensantes. A rápida evolução do país nesses últimos anos, com a superação de oligarquias regionais de traços pré-capitalistas, a cobrança de ética na política, nos negócios e nas universidades, a participação da sociedade em movimentos políticos e o desenvolvimento da consciência do papel do voluntariado, são manifestações de uma elite pensante e responsável, que não se confunde com poder econômico e muito menos estamento oligárquico.

E, para desempenhar um importante papel nesse novo país que vem aí, há que se preparar. É onde entra o livro como ferramenta fundamental. E a boa notícia é que muita gente já sabe disso.

Leitura e(é) inclusão social

Não é possível que, a esta altura dos conhecimentos, ainda pairem dúvidas sobre a importância da leitura. Ler não é apenas ter uma relação sensual com o livro, namorar sua capa, verificar o seu papel, apreciar a tipologia, olhá-lo de frente, cheirá-lo, senti-lo, ouvir o som das páginas virando, decifrá-lo com requiente, ou com volúpia, devorá-lo todinho. Ler é também se atualizar, aprofundar os conhecimentos, deixar a imaginação voar para lugares possíveis e improváveis, argumentar com interlocutores atentos e inteligentes. Apesar disso, a imagem da pessoa que lê é, frequentemente, a de um chato...

É verdade que, às vezes, somos surpreendidos com excelentes iniciativas, como a campanha que a Rede Globo realiza no intervalo dos jogos de futebol, mas o fato é que ainda estamos longe de ter, em nosso país, uma cultura e ações efetivas que favoreçam os leitores já existentes e, mais do que isso, que estimulem o hábito da leitura em outros. E, no entanto, sabemos que o livro, prioritariamente, mas também os jornais e as revistas, são os melhores instrumentos para aprofundar uma informação, fazendo com que de simples notícia ela se transforme em conhecimento.

Não que outras mídias não sejam importantes. Mas, por sua própria natureza, rádio e tevê se prestam muito mais à transmissão de um dado ligeiro, necessariamente mais superficial e efêmero. Além disso, ao ouvir o rádio ou assistir à tevê, a pessoa será obrigada a receber as informações que outros escolheram para transmitir, sem poder selecionar aquelas pelas quais tem interesse, como pode fazer na leitura de jornais e revistas. Sem falar que, nos telejornais e locuções de rádio, o ritmo da leitura é ditado pelos emissores e não pelos receptores, que são obrigados a, bovinamente, se adaptar ao "presto" ou "adagio" dos locutores e âncoras. Já na leitura de textos escritos, o ritmo é ditado pelo próprio leitor, que, por isso mesmo, reage e interage muito mais com jornais, revistas e livros, desenvolvendo melhor seu espírito crítico.

A questão não é nova e não estou descobrindo a pólvora. Apenas me espanta o descompasso entre o discurso dos programas de governo e o que efetivamente é realizado em favor da leitura. Talvez isso aconteça porque, em última instância, a sociedade dele não exija. E ficamos, salvo as exceções de praxe, com importantes jornais, assim como revistas de informação e cultura, presos a tiragens ridículas, cada vez menores, em um país que se jacta de ter cada vez mais gente alfabetizada, mais gente terminando o ensino médio e mais gente matriculada na universidade.

Alguma coisa deve mesmo estar errada quando o movimento editorial só cresce na medida em que se expandem as compras governamentais de livros didáticos do ensino fundamental. E quando obras importantes que nos anos 70 e 80 tinham tiragens de 5.000 exemplares e, nos anos 90, de 3.000, agora, quando são publicadas, não ganham uma edição superior a míseros mil ou 2.000 exemplares.

Claro que o governo pode colaborar por meio de programas sérios e consistentes de compra de livros de qualidade para bibliotecas públicas. Ainda há mais a ser feito: é chegado o momento de somar esforços, envolver e comprometer setores da sociedade que podem e devem fazer muito a favor da leitura. Talvez, juntando as iniciativas de entidades como a Câmara Brasileira do Livro e a Associação Nacional de Jornais a secretarias de cultura municipais e estaduais, se pudesse criar uma certificação para os "amigos da leitura".

A ideia é simples: os hotéis seriam estimulados a instalar luz de leitura nos quartos, em vez de miseráveis abajures com lâmpadas de 15 watts, além de manter uma pequena biblioteca à disposição dos hóspedes. Os concessionários de linhas intermunicipais de ônibus, em vez de instalarem aparelhos de televisão, seriam estimulados a manter lâmpadas adequadas de leitura e uma pequena biblioteca com obras adequadas ao percurso, algo que deveria também ocorrer nos trens do metrô. Salas de espera em aeroportos, consultórios e clínicas médicas devem ser convidados a respeitar frequentadores e pacientes, oferecendo cantos silenciosos e bem iluminados, que tornem a espera menos sofrida.

Oferecendo certificados de "amigos da leitura" aos responsáveis, estaríamos desenvolvendo um papel verdadeiramente educativo. Um segundo passo seria divulgar esses "amigos", o que jornais e revistas poderiam fazer para valorizar aqueles que os valorizam.

Mas apenas "diplomar" as pessoas não resolve o problema. Há que dar oportunidade para que elas possam, de fato, ler. O trabalho conjunto de educadores, entidades, empresários e governos é o caminho possível para que a leitura seja reintroduzida como prática cotidiana e não como atividade eventual, feita por uma "gente diferente" e esquisita, que anda por aí com um livro na mão. Acesso aos bens culturais é condição básica para a democracia. A igualdade de oportunidades passa pelo direito à leitura.

Um país sem cultura?

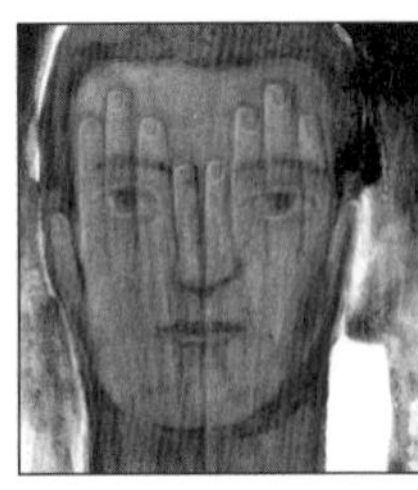

Bens culturais para todos?

A cultura é a única coisa que diferencia o ser humano dos outros animais. Enquanto esses já nascem instrumentalizados para suportar o clima e o meio ambiente (ursos, focas), construir casas (joão-de-barro, abelhas), defender-se dos inimigos por armas ou mimetismo (tubarão, linguado), o ser humano vem ao mundo incapaz de sobreviver sem a proteção dos pais e sem a aprendizagem social, que, em bom português, pode ser chamada de cultura.

É por meio do conhecimento acumulado por muitas gerações que aprendemos a fabricar nossas roupas, aquecedores e aparelhos de ar condicionado para nos defender do clima, edificar nossas casas para nos proteger e criar nossas sofisticadas (e até excessivas) armas que nos tornaram o animal mais temível sobre a face da terra.

Esse conhecimento acumulado nos permite o acesso não apenas à cultura no seu sentido antropológico (sobre a qual falamos até agora), mas também no sentido restrito, o de manifestação do gênio humano. Aí falamos de coisas maravilhosas, em todas as áreas, como o do teatro de Nelson Rodrigues, de Shakespeare, de Sófocles. Dos textos literários de Machado de Assis, de Nabokov, de Lorca e de Maupassant. De telas de Picasso, Leonardo da Vinci e Rembrandt. Da música de Bach, de Mozart, de Beethoven. Do cinema de Chaplin, de Eisenstein, de Woody Allen. Da escultura, da arquitetura, do urbanismo, da filosofia, da história.

Por distorções históricas, muita gente pensa que o acesso aos bens culturais é, e deve continuar sendo, privilégio de uma minoria. Os esnobes consideram que Bach, por exemplo, só é acessível a poucos e bons e que deliciar-se com um Van Gogh exige décadas de bom gosto embebido em muito dinheiro. Ora, quem visita um museu europeu pode observar a chusma de jovens estudantes de escolas públicas, frequentemente filhos de imigrantes, visitando e se maravilhando com pinturas que emocionam multidões há mais de um século. E basta ir à Sala São Paulo, na Estação Júlio Prestes, em São Paulo, num domingo de manhã para ver centenas de populares extasiando-se diante de mestres imortais da música.

Estamos diante de duas questões distintas: 1) não é verdade que as pessoas se satisfazem com o que se lhes dá (programas de televisão horrorosos, música brega ou breganeja e por aí afora). O gosto é algo cultivado e a sensibilidade para as manifestações culturais pode ser encontrada igualmente em diferentes camadas da população, não sendo privilégio da elite; 2) a maior parte da população brasileira não tem condições de adquirir bens culturais. Há que permitir seu acesso a eles de outras maneiras.

Certo, não é todo mundo que pode pagar a entrada a uma peça de teatro, de um concerto com uma grande orquestra estrangeira ou mesmo o preço de um bom livro. Menos ainda poderão comprar um Van Gogh ou um Di Cavalcanti e é para isso que existem museus. Da mesma forma devem existir concertos para todos e, principalmente, bibliotecas públicas. Não me refiro a depósitos ou cemitério de livros, mas bibliotecas vivas, com acervo atualizado, com gente preparada para atender e orientar os visitantes. Gente bem treinada, que ajude tanto os que pesquisam quanto aqueles que queiram apenas se deleitar com a leitura.

Propiciar o acesso aos bens culturais deveria ser o primeiro movimento de todo administrador público investido em suas funções. Além do seu caráter cidadão, trata-se de algo que, em última instância, estimula o encontro de cada ser humano com a essência mesma de sua humanidade. Mas não é isso o que se vê, infelizmente. Aqui, conspira-se para diminuir drasticamente a aposentadoria da classe média (nada contra um belo corte para os marajás, é claro), a mesma que frequenta teatros e concertos nas grandes cidades. Ali, submete-se uma biblioteca pública ao vexame de ter de fechar suas portas à noite por pura falta de funcionários. Muitos dos milhares de consulentes ficarão sem acesso a bens culturais porque a regra é seguida à risca por políticos de todos os partidos: economizar no início do mandato para construir, nos dois últimos anos, o que garante a reeleição.

E o discurso sobre democracia e cidadania, aquele da campanha? Discurso é discurso, governar é coisa séria, não é mesmo?

Ao patrimônio cultural, o devido valor

Ao contrário do que aprendi no colégio, não é a capacidade de se organizar social ou economicamente que diferencia o homem dos demais animais. Pesquisas esclarecem que não apenas abelhas e formigas, mas também predadores e primatas, relacionam-se em complexos grupos, cujas estruturas de poder e códigos sociais apenas começam a ser desvendados. A maior diferença entre os demais animais e o ser humano está na capacidade que temos de produzir, acumular e transmitir cultura. E esse conjunto de dados, objetos, símbolos, crenças, manifestações que denominamos cultura vem compondo o patrimônio cultural da humanidade.

Pensando nessa direção podemos fazer uma longa lista de elementos de nosso patrimônio cultural: são as pirâmides egípcias e o monoteísmo dos hebreus; a filosofia grega e o direito romano; igrejas, mesquitas, templos budistas; a obra de Mozart, Tom Jobim e Chico Buarque; a cozinha francesa e a baiana; Paris e Ouro Preto, Nova York e São Paulo; nossas línguas (cada uma que morre é uma perda patrimonial); a Monalisa de Da Vinci e as bandeirolas de Volpi; o cinema de Chaplin e Bergman e por aí afora. Compensa um pouco pensar que não somos apenas competitivos e agressivos, como a imprensa mostra, mas que cada um é ou pode ser o depositário de todo o patrimônio cultural.

Isso tem muito a ver com o turismo. Genericamente, costuma-se dizer que todo deslocamento do turista implica em uma apropriação cultural, uma vez que faz com que ele entre em contato com novos espaços e expressões do gênio humano. Talvez se deva discutir isso com mais vagar: muitas vezes o turista organiza uma viagem, faz as malas e se dá ao incômodo de se deslocar apenas para, em última instância, não mudar nada. A certeza de suas verdades e/ou o medo de ser influenciado por outras visões de mundo levam-no a viajar protegido por um grupo, a não interagir com companheiros de viagem e, muito menos, com os nativos. Quando noutro continente espia os monumentos e as ruas por trás de vidros de ônibus, sacia-se com as piadas pasteurizadas do guia e, em vez de expandir seus horizontes, reforça estereótipos idiotas (francês é sem educação, argentino é arrogante, italiano é garanhão, baiano é folgado etc.), pois não se dispõe a testá-los em uma convivência enriquecedora. Tem gente que ainda acha que apropriação cultural é roubar cinzeiros ou saleiros de restaurante ou gravar seu nome em monumentos arqueológicos.

Por outro lado, aumenta o número de pessoas que, de fato, querem conhecer o lugar para aonde vai, seja uma metrópole agitada ou uma praia tranquila. Pessoas que podem até frequentar paraísos artificiais como Aruba ou Cancún, mas preferem espaços de lazer que tenham personalidade, cultura local. Não que Aruba e Cancún não sejam espaços culturais – mas estão para o lazer como o McDonald's está para a comida: saciam a fome de forma sempre igual. E isso nos leva a uma última reflexão: será que, para o Brasil, vale a pena investir apenas na criação de resorts sofisticados, destinados ao turismo internacional pasteurizado?

Noutras palavras, será que é tão vantajoso criar aqui clones de Cancún e Aruba, mais distantes para europeus e americanos do que os originais? Não seria importante aproveitarmos melhor o nosso rico patrimônio cultural, embalá-lo sabiamente como produto de mercado, sem subtrair sua essência e apresentá-lo ao mundo? Além de elevar nossa autoestima, mostraríamos que não somos só o país do carnaval, mas de festas espalhadas por todos os estados, de importantes edificações que se deterioram a olhos vistos, de cidades plenas de manifestações culturais, de culinária rica e variada, de um povo simpático, embora ainda monoglota. Dentro de muito pouco tempo, o turismo será o maior negócio lícito do mundo. Seria um erro perder o bonde. Ou entrar no bonde errado.

Identidade nacional e futebol

Dia de jogo do Brasil na Copa do Mundo é aquela festa: bandeiras nervosamente agitadas, famílias e vizinhos se reunindo para ver a partida na televisão, bancos, fábricas e hospitais dando meio expediente, escalação da seleção na boca de todos.

Minha cunhada, sem querer, definiu certa vez a razão de tanto agito: "Se não vejo pelo menos um pedaço do jogo, me sinto por fora, eu que nem gosto de futebol".

Que compulsão será essa que leva notícias políticas, policiais e até (ufa) econômicas a perder espaço nos jornais e nas tevês, que faz com que o porteiro do edifício em que moramos, normalmente sem nome e sem rosto, seja notado em sua camiseta "canarinho", que homogeneíza, por alguns momentos, o tecido social tão desigual e cria uma estranha sensação de que fazemos parte de algo mais amplo do que a família, o escritório, a turma da rua, o time por que torcemos, os coirmãos maçons ou rotários ou o partido em que militamos?

Para alguns, tudo não passa de uma criação da mídia, desejosa de faturar. Para outros, não é senão agitação promovida pelo governo, com o objetivo de desviar o povo dos verdadeiros problemas do país e criar uma atmosfera de falsa euforia cívica. Há ainda os que acham tudo uma loucura, um despropósito, uma alienação. Será?

Arriscaria dizer que alienado é quem age como se nada estivesse acontecendo com o país.

Não é só a questão de o futebol ser o esporte nacional: é também o fato de ele ser o esporte mais importante do mundo, o mais difundido internacionalmente, o mais praticado, o mais assistido. E, nesse esporte, somos bons. Talvez os melhores. E provamos isso em campo de batalha, ou melhor, esportivo, conseguindo em cinco ocasiões, na Suécia, no Chile, no México, nos Estados Unidos e na Copa da Coreia e do Japão, colocar mais bolas nas redes de todos os adversários do que eles nas nossas e ainda maravilhar dezenas de milhares de espectadores e bilhões de telespectadores com jogadores maravilhosos.

Nossa autoestima, que não anda lá essas coisas, fica lisonjeada em saber que nós, importadores de tudo, de tecnologia a teorias, de lanchonetes a bebidas, de padrões de comportamento a gostos musicais, exportamos bom futebol. Gostamos de saber das centenas de jogadores brasileiros atuando em clubes europeus e asiáticos, de técnicos brasileiros que dirigem seleções de outros países e até de brasileiros natos que, naturalizados, estão disputando jogos por seleções estrangeiras.

É claro que vitórias esportivas estimulam, momentaneamente, o orgulho nacional: já torcemos pelo Guga, pelas meninas do basquete, pelos garotões do vôlei, por nossos maratonistas, nadadores e lutadores. Mas com o futebol é diferente. É que nesse esporte, para cuja prática basta apenas uma bola e um gol improvisado, reside algo que temos em comum apenas e com todos os nossos conterrâneos.

Buscamos durante a Copa a identidade nacional que nunca foi muito bem forjada neste país de transições sem mudanças, de independência sem povo, de Estado sem sociedade civil. Buscamos essa identidade que, antes de amadurecer, já nos foge pelos dedos da globalização açodada, pelo inchaço das cidades sem personalidade, pelas feiras que substituíram o artesanato pelo *made in China*.

Se alguém ainda insistir que falta ao Brasil uma boa guerra para que a identidade nacional possa de fato se afirmar, devo confessar que ainda prefiro o atual combate em terras estrangeiras, mesmo que o técnico seja retranqueiro e mesmo que o Rogério Ceni não seja o goleiro titular.

A arte de deixar tudo como está

Há poucos dias foi realizada a festa da entrega do Oscar, em Hollywood, e a mídia fez o que pôde para nos colocar diante da televisão torcendo pela vitória do filme *Cidade de Deus*, indicado em quatro categorias. Melhor do que as reportagens ufanistas eram as colunas das cartas dos leitores de jornais, antes e depois da premiação. *Grosso modo,* elas se dividiam em duas posições opostas: alguns, tendo visto ou não o filme, desejavam que "o Brasil" vencesse mais essa batalha, que mostrasse ao mundo nosso talento e nossa técnica. Outros protestavam, veementemente, contra o filme, que, segundo eles, mostrava aspectos desagradáveis para os gringos, constituindo-se, portanto, em antipropaganda, com prováveis implicações na captação de turistas, notadamente para o Rio de Janeiro.

Penso que, por trás da discussão, é possível perceber uma prática cotidiana, assim como uma herança histórica, ambas bastante características, embora não exclusivas, do nosso país, razão pela qual vale a pena discutirmos um pouco o assunto. A prática cotidiana é o insalubre, porém difundido, hábito de jogar o lixo para debaixo do tapete: "o que é feio não se mostra, se alguma violência existe, ela deve ser escondida". A muitos não importa se, de fato, a violência existe, importa é não exibi-la. São os defensores de que forma é mais importante do que conteúdo, que o adjetivo é que precisa ser escolhido, não o substantivo. Essa prática pertence à mesma vertente dos que, chegando muito atrasados, ainda acham ruim a maneira usada pelo interlocutor para se queixar do seu atraso.

Por outro lado, não deixa de ser curioso que nosso cinema se debruce com tanta intensidade sobre problemas distantes da realidade dos produtores e diretores, filhos diletos da classe média urbana. Enquanto na Argentina jovens cineastas realizam obras de alcance universal, a partir do universo urbano, os nossos voltam-se para o pitoresco, para a periferia, para a marginalidade. Não que carandirus e periferias violentas não mereçam ser temas de filmes, longe disso. Mas não deixa de ser estranho relegarmos às telenovelas, veículo sabidamente superficial e esquemático, o monopólio de lidar com os dramas urbanos da classe média em processo de pauperização, ao passo que na Argentina eles são objeto de filmes brilhantes, com os quais, frequentemente, nos identificamos mais do que com nossas películas, que folclorizam a cultura regional e embalam nossa violência, em câmera lenta e ângulos apropriados para a exportação.

Não, prezado leitor, não vou criticar o cinema nacional. Pelo contrário, por mais que inconfessadas intenções comerciais, transvertidas de estilo neo-Tarantino, possam ter orientado esses filmes, o fato é que eles são manifestações de certa consciência culpada que, com justiça, carregamos. Na verdade, este é um país que exclui e segrega. A escola pública, desde que ficou ao alcance de (quase) todos, perdeu em qualidade. O mesmo pode se dizer dos serviços de saúde, no país inteiro, e de água e esgoto em grande parte dele. Em apenas poucos lugares se estimula o acesso aos bens culturais da humanidade a toda a população, imaginando-se que apreciar um bom teatro, cinema fora do esquema terror-ficção-científica-desenho-comédias-xarope, música de qualidade ou artes plásticas seja privilégio de endinheirados. Ao não permitirmos que enorme parcela da população entre em contato com esse patrimônio da cultura, aprimorando seu gosto, estamos condenando muitos cidadãos a consumir produtos de segunda linha da indústria cultural, tornando-se presa fácil dos programas idiotizantes de televisão, da música brega, da aversão aos livros.

O fato é que a sociedade e o Estado brasileiros têm se unido, com sucesso, para, ao longo de toda nossa história, manter enorme fatia da população como cidadãos de segunda classe, não só ao não propiciar o trabalho bem remunerado (atualmente, nem mal remunerado), o direito à habitação, a três refeições por dia, tivemos sucesso também em marginalizar e excluir esses cidadãos dos bens culturais (que, insisto sempre, fazem com o que o ser humano se diferencie dos demais animais). Daí purgarmos nossa culpa, em ondas como a do Cinema Novo (sobre o povo, mas para poucos), ou como a do cinema atual (a estética da miséria e da violência do Brasil para o mundo). Ambas fruto de culpa. Ambas tão consequentes quanto as músicas de Geraldo Vandré. A gente ouve, a gente se emociona com a nossa própria emoção, a gente vai para casa e dorme seguro em nosso prédio devidamente gradeado. E para os que foram objeto de nossas "obras de arte"? Esses que continuem como estão por mais quinhentos anos.

Um país sem lei?

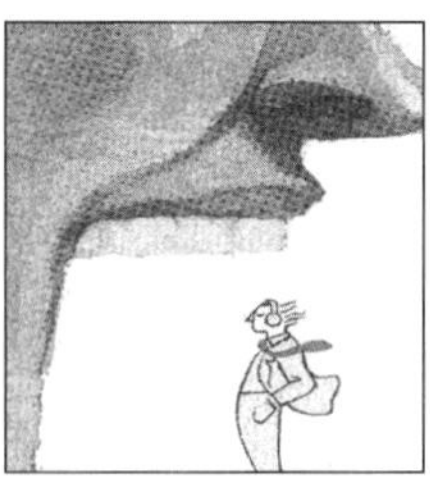   

Chega de barulho!

Pessoas que só conseguem comunicar-se aos gritos são profundamente irritantes. O grito é, por definição, impositivo e não argumentativo. Não exprime uma opinião sobre as coisas, mas a verdade única e definitiva, com a qual se pretende esmagar o interlocutor, visto quase sempre como adversário ou mesmo inimigo. Gritos não se prestam a expressar abstrações profundas, apenas a veicular sentimentos primários, pouco elaborados, recordando estágios menos avançados da humanidade, quando nossos ancestrais não tinham ainda criado formas mais evoluídas de linguagem e se comunicavam, como os animais, apenas por urros, guinchos, grunhidos e... gritos.

Aqueles que utilizam o grito como meio habitual de comunicação despertam sempre os piores sentimentos dos seus ouvintes involuntários, sejam os "gritões" pobres analfabetos enchendo a cara em botecos da periferia ou alcoólatras endinheirados em barzinhos elegantes, garotões funkeiros ou menininhas em danceterias. Pior ainda se forem políticos... Nossa cultura de sons exacerbados não passa, por paradoxal que pareça, de uma civilização do silêncio. Como as pessoas pouco ou nada têm a se dizer, criou-se, providencialmente, o fundo musical alto, ruído permanente no ar, que restringe a comunicação a meia dúzia de interjeições, seja nos barzinhos ou nos supermercados. Casais, com medo de revelar o vazio de sua solidão a dois, e até famílias, cujos membros não se comunicam, deixam a televisão ligada o dia inteiro para com isso tentar preencher o espaço vazio entre as pessoas.

Há ainda a categoria dos ruidosos generosos, aqueles que fazem questão de dividir seus problemas, conquistas e fracassos, além de "descobertas" musicais, com todos. Nada como entrar num desses barzinhos de moda (cada cidade tem sua área, como o Savassi, em Belo Horizonte, e a Vila Madalena, em São Paulo) e ouvir as conversas: à medida que o tempo passa e mais gente vai chegando, o teor alcoólico sobe (chamam a isso "beber socialmente"), as confissões ao pé do copo se tornam mais desavergonhadas e fazer a voz chegar até o interlocutor vai se tornando uma façanha ao alcance apenas daqueles com grande potência vocal.

Ao diminuir os reflexos e a autocensura, a bebida transforma o conjunto de bebedores de cada barzinho em uma espécie de unidade etílico-sonora própria, emissora de ruídos para centenas de vizinhos ao redor, ouvintes involuntários do banzé. O frege é reforçado por motoristas que instalam inacreditáveis parafernálias sonoras em seus automóveis e que passam distribuindo generosamente graves e agudos bem definidos por amplificadores e autofalantes, divulgando seu mau gosto para todos.

Em algumas cidades menores (como Indaiatuba, no interior de São Paulo), a bagunça é reforçada por lojas com caixas acústicas nas calçadas, por sistemas sonoros instalados pela própria prefeitura em praças arborizadas (e que espantam os pobres pássaros, que, provavelmente, não aguentam a cafonice da programação) e até por caipiras veículos (literalmente) sonoros rodando pela área central da cidade oferecendo bolachas, frutas, detergente e, é claro, a intragável pamonha de Piracicaba.

Em pleno século XXI, em nossa civilização urbana, muitos ainda não se deram conta de que a cidade é um espaço coletivo e heterogêneo.

As pessoas vivem nas cidades por nela encontrarem trabalho, diversão, companhia e segurança (pelo menos em tese). Elas são um centro de produtos e serviços, os mais diversos. Por sua complexidade, os horários na cidade não são os mesmos para todos. Uns acordam e vão dormir cedo, outros tarde, outros dormem durante parte do dia para trabalhar à noite e assim por diante. Um espaço que é de trabalho para alguns é, naquele mesmo momento, de descanso para outros. Próximo de alguém que se diverte, encontra-se outro que repousa. Na verdade o próprio conceito de diversão é diferente para distintos cidadãos: uns acham o suprassumo do lazer compartilhar um churrasco acompanhado de cerveja e música. Outros preferem uma leitura silenciosa acompanhada de música. E mesmo neste último setor, as opções são muitas: há os pagodeiros, os roqueiros, os axesistas, os bolereiros, os caetanófilos, os chicólogos, os chitão-xorosistas, os operólatras e até os bethovenianos.

Não há, é claro, certos e errados. O importante é todos terem o direito de ouvir sua música. Isso faz parte do direito de escolha, que uma sociedade democrática precisa garantir aos cidadãos. O que não dá, o que não pode, é alguns quererem impor seu gosto aos demais. Imagine-se a loucura que seria a prefeitura fazer aprovar uma lei que obrigasse todos os moradores de Brasília ou de São Paulo a ouvir duas óperas completas por dia em italiano, francês e mesmo em alemão... Que haja um bom teatro na cidade, que nele encene-se, vez ou outra, uma ópera, que as pessoas tenham a possibilidade de conhecer tal forma de novela musical, tudo bem. Mas obrigar o povo a suportar contra sua vontade duas óperas por dia... tenham a santa paciência.

Contudo, é algo equivalente a isso que acontece diariamente em quase todas as cidades do país, por meio de todas as situações e instrumentos de tortura já descritos. Ia me esquecendo, um capítulo especial deveria ser dedicado aos "queridos vizinhos" (felizmente, não os meus) que adoram exibir, despudoradamente, a potência de seus aparelhos sonoros.

Há poucos anos, um país da Europa fez uma campanha nacional para que as pessoas falassem em voz normal umas com as outras e não mais gritassem. O resultado foi uma aparência mais civilizada e menos stress para todos. Não se trata, é claro, de nos transformarmos da noite para o dia em escandinavos (ou na representação que fazemos deles). Trata-se de um problema real que, afora algumas poucas e exemplares prefeituras, não tem sido tratado a sério pelos governos e pela sociedade.

À margem da lei

A descoberta de uma quadrilha de bandidos travestidos de fiscais na Administração Regional de Pinheiros, bairro da zona sudoeste de São Paulo, não deve ter surpreendido ninguém. Qualquer pessoa que tenha precisado podar uma árvore ameaçadora, retirar entulho, fazer uma pequena reforma ou algo do gênero nessa região já terá experimentado o peso da burocracia organizada para criar dificuldades com o objetivo de vender facilidades.

Era corrente a ideia de que não adiantava reclamar de bares ruidosos, restaurantes funcionando em locais impróprios ou construções irregulares. O alerta dos cidadãos só ajudava os fiscais a localizar novas fontes de renda para si mesmos. E o interesse da cidade? Ora, o interesse da cidade... Não espanta a existência da quadrilha, mas a tranquilidade com que funcionava, com o beneplácito do Executivo e do Legislativo, o apoio de maus cidadãos (sim, pois não há corruptos sem corruptores) e a conivência da população, que via a região se deteriorando e achava que as coisas eram "assim mesmo".

Os fatos são graves, muito graves mesmo. A ocupação indiscriminada do solo e sua impermeabilização, com vistas apenas a interesses comerciais imediatos, implicam a destruição da já rara área verde que a região possui, com graves consequências sobre a vida urbana, como o transbordamento dos córregos (já que a água não tem como se infiltrar no solo) e a piora do trânsito e de nossa não tão excepcional qualidade de vida. A abertura de barzinhos em locais proibidos prejudica o sono e a segurança da vizinhança, levando para áreas residenciais boêmios e arruaceiros, além de ocupar calçadas e até partes da rua com cones, filas duplas e tudo o mais. Ingênuos os que achavam que a prefeitura, por ter poucos fiscais, não tinha como atacar o problema. Ele era atacado, mas em proveito de gangues organizadas exatamente por quem deveria lutar contra irregularidades.

Mas há um aspecto que talvez seja o mais grave: o fracasso do Estado exatamente em uma das áreas em que sua atuação é insubstituível. Na verdade, a corrupção faz com que os agentes do governo (no caso, os fiscais), que deveriam ter por função apenas executar as leis (supostamente inspiradas pelo povo e criadas pelo Legislativo), tomem a si o direito de criar seus próprios regulamentos, aplicá-los e tirar proveito pessoal dessa aplicação. É como se houvesse uma lei "para inglês ver" e outra para valer. É só perguntar às centenas de comerciantes que pagavam propina qual poder eles respeitavam.

Infelizmente, o caso dos fiscais não é isolado. Arrancar recibo de certos dentistas e médicos é quase tão difícil quanto receber uma nota fiscal de muitas lojas. Máquinas registradoras que não emitem cupons fiscais, só boletos de "controle interno", são comuns, e é frequente o pedido de nota fiscal ser recebido com expressão de ódio mortal por parte do comerciante. Esse sentimento de impunidade só pode se escudar numa (digamos assim) colaboração estreita com aqueles que teriam por função fazer cumprir a lei.

Isso vale, é claro, para "colaborações" em esferas mais elevadas. Não consigo achar que seja menos do que um escândalo a apropriação indébita do INSS do empregado, descontado da folha de pagamento e não recolhido pelo empregador. Vez por outra saem listas dos maiores devedores, muitos dos quais empresas da área de comunicação, e não posso deixar de imaginar qual seria a contrapartida exigida pelos "bondosos" governantes pelo perdão informal das dívidas. É, mais uma vez, funcionário de governo extrapolando suas funções, corporificando todos os poderes, arrogando-se poderes imperiais, como se a Revolução Francesa não tivesse existido.

De resto, ainda somos um país que tem leis escritas que "não pegam" e leis não escritas que já pegaram. Legislar para o nada é inócuo, na melhor das hipóteses. E, na prática, sempre há algum agente fazendo certo tipo de lei funcionar. Bom exemplo é o de estupradores (ou supostos estupradores) encarcerados. Por mais desprezo que se possa sentir por eles, não é aceitável que sejam postos em uma cela com a recomendação dos carcereiros para que sejam sodomizados pelos companheiros, como punição pelo seu ato. Aqui, temos carcereiros julgando e condenados executando a lei. Ora, sejamos sérios. Ou os legisladores assumem que somos trogloditas e colocam a sodomização como pena para o estupro ou façamos cumprir a lei. Para todos.

Bem-vindos ao planeta Terra

O Fórum de Pinheiros, em São Paulo, foi construído em uma região elevada e aprazível da Vila Madalena. É um edifício de aparência sólida e elegante, levantado junto a uma praça com muito verde e cercado de residências confortáveis, edifícios de classe média alta e uma pequena malha de serviços. Quem passa por perto não pode deixar de observar o grande número de juízes, promotores e advogados que para ele se dirigem. Olhando de fora, fica a impressão de que a Justiça tem, a depender do prédio, condições de se fazer ouvir e cumprir.

Enquanto no seu interior se luta para que as leis sejam cumpridas, do lado de fora elas são totalmente ignoradas. A calçada que circunda o Fórum, cimentada de forma irregular e arrebentada em muitos trechos, dificulta enormemente a livre circulação de pedestres. Antes que alguém argumente que isso nada tem a ver com a Justiça, que é coisa de outra instância, lembraria que uma calçada em mau estado dificulta que alguns preceitos constitucionais sejam cumpridos: além de ferir o direito de ir e vir livremente, impede que idosos, portadores de deficiências, bebês em seus carrinhos e outros cidadãos possam por ela transitar, o que contraria o preceito de que todos são iguais perante a lei. Guaritas, bancas de revistas e cadeiras de bar espalhadas pela calçada e até pela rua privatizam, irregularmente, o espaço público. Um ponto de ônibus, bem à sua frente, está permanentemente obstruído por automóveis de visitantes do Fórum, obrigando o coletivo a parar no meio da rua para recolher seus passageiros. Esquinas também são tomadas por carros estacionados, sem que o recuo obrigatório de cinco metros seja respeitado e sem que o pedestre tenha por onde atravessar a rua.

Há mais: muitas garagens são construídas de modo a facilitar ao máximo a entrada dos veículos e dificultar, também ao máximo, o tráfego de pedestres, criando degraus intransponíveis. Parece que também aqui vigora a ideia de que o pobre deve pagar pelo pecado original de ter nascido sem talento para ganhar dinheiro. Bares são abertos em ruas em que o zoneamento municipal proíbe tal atividade e infernizam a vizinhança com o volume das conversas que, sabidamente, crescem à medida que sobe o teor do álcool no sangue de seus boêmios frequentadores. Ninguém inibe os bares irregulares (agora, nem os fiscais da Prefeitura, que costumavam tirar suas casquinhas...), ninguém verifica o teor de álcool no sangue dos beberrões motorizados. Ninguém tira os carros estacionados no ponto de ônibus. Ninguém remove as cadeiras ocupando as calçadas nem os cones reservando pedaços do asfalto. Ninguém conserta as calçadas quebradas, que quebraram o orgulho do paulistano, obrigando-o a andar olhando para o chão. Isso é justo?

Entretanto, no alto, dominando o espaço como se fora um castelo medieval, paira o Fórum. Objeto estranho na paisagem, embora construído do mesmo material que os edifícios próximos, não se integra. Em vez de conviver, age como se apenas espiasse à sua volta, visse o descalabro e, desinteressado, se voltasse para dentro. É como se a virtualidade dos papéis bastasse para sua sede de justiça, e ela não precisasse ser exercida à sua volta, na realidade. Os passantes e moradores se perguntam como podem os homens da lei passar sem ver, ou ver sem agir, eles que têm poder para tanto. Ou nem mais se perguntam, acostumados a ver nos edifícios públicos, em vez de espaços do cidadão, manifestações concretas do poder. Sabem que, se perguntarem por que as coisas são assim, ouvirão que "assim são as coisas", cada um deve ficar na sua, algumas coisas são responsabilidade da prefeitura, outras do Detran, outras da polícia, e assim por diante, dentro da nossa melhor tradição do "se burocratizarmos, eles acabam desistindo".

A questão não é, está claro, o fórum de Pinheiros, apanhado aqui como "boi de piranha". No Brasil, país onde a divisão social passa pela separação, em castas, de pedestres e motorizados, estes passam pelas ruas e não veem – ou tentam não ver – nada. Além disso, aqui existe um estranho divórcio entre Estado e sociedade. Divórcio, eu disse? Não, não há divórcio onde nunca houve casamento. O Estado brasileiro, surgido a partir de uma quase doação de pai para filho em 1822, nunca se dignou a dirigir seu olhar para a sociedade. Ele, que deveria ser o instrumento jurídico dela, é quase autônomo, posa de autossuficiente, embora quem lhe dê legitimidade e lhe pague as contas seja ela, ou seja, nós. Usando de histórica arrogância, nossas elites, dentro ou fora do governo, acabaram moldando um povo que encontra na dissimulação (simpaticamente rebatizada de "jeitinho") sua estratégia de sobrevivência. Arrogância e dissimulação não são, com certeza, boa matéria-prima para forjar a nacionalidade...

Solução? Há sim. E quem nos mostra o caminho é, primeiramente, a dona da academia que comprometeu os fiscais da prefeitura, expondo o fio da meada da corrupção, pois, como todos sabemos, não há corruptos sem corruptores e só pagamos se temos culpa em cartório. Em seguida, mostram-nos o caminho o procurador-geral do Estado, dr. Marrey, e sua equipe de promotores – surpreendentemente jovens e decididos –, que parecem estar fazendo a Justiça descer da torre onde habitou por tanto tempo.

Bem-vindos ao planeta Terra.

Brasil, um país sem lei?

Dizem que, no Brasil, há leis que "pegam" e leis que "não pegam". Recentemente descobri que há também outra categoria, a das "não leis que pegam". Por exemplo, a "não lei" da tortura: "Todo indivíduo detido, a critério dos policiais, poderá ser submetido a tortura para reconhecer o crime, informar nome e endereço dos cúmplices, ou simplesmente dividir os ganhos do crime com os torturadores, sejam eles em dinheiro ou em espécie".

Alguém duvida da existência dessa "não lei"? Na área criminal, existe pelo menos mais uma muito conhecida e praticada, embora, que eu saiba, não conste do Código Penal: ela "legisla" sobre violências sexuais a que estarão sujeitos estupradores, pois todos sabem que a sodomização de acusados é pena corrente aplicada em nossos cárceres.

Há também "não leis" em vigência na área econômica, como a da taxação das grandes fortunas. Com medo de que dinheiro graúdo escorregue para fora do Brasil, nossos governantes e legisladores temem criar uma lei que taxe os possuidores de muitos bens, mas, com o famoso "jeitinho brasileiro", encontraram formas de taxar o que imaginam ser "grandes fortunas". As receitas são muitas, mas destaco duas, uma que taxa bens, outra que taxa renda. Ora, como o país não tem inflação há muitos anos (!), as alíquotas de desconto de Imposto de Renda na Fonte, ou no acerto anual, não são reajustadas ou o são de forma a não acompanhar a inflação real (pelo menos aquela que o governo aceita existir, como na conta de luz, de telefone, de água, de pedágio).

Assim, se o assalariado teve a felicidade de se manter empregado (coisa rara) há uma década, e se teve o seu salário reajustado por qualquer índice inflacionário (coisa raríssima), ele é considerado um afortunado, razão pela qual pagará um Imposto de Renda real muito, mas muito mais alto do que pagava antes, pois vai se considerar apenas o valor nominal. Se, além disso, o afortunado resolver vender hoje o apartamento que comprou por R$ 50 mil há dez anos (e pelo qual conseguiria hoje R$ 150 mil, o que não cobre a inflação do período), terá de pagar R$ 15 mil de Imposto de Renda pelo lucro (sic) obtido. Essa não lei estipula, portanto, que "o afortunado que tiver a ousadia de permanecer no emprego por muito tempo, tiver o salário reajustado e conseguir trocar de imóvel após dez anos de muito trabalho, será apenado com impostos arbitrários que o estimulem a entrar na legião dos desempregados e desestimulados". Bela "não lei" para um país que quer crescer.

"Não leis" urbanas? Há inúmeras. Algumas delas: "Quem não quiser ser assaltado deve providenciar a própria segurança"; "quem não quiser ser atropelado por veículos não deve nunca atravessar a rua"; o indivíduo que insistir em caminhar pelas calçadas de cidades grandes estará sujeito a tombos, torções e fraturas sobre os quais as prefeituras alertam não ter nenhuma responsabilidade; "leis de silêncio vigorarão das 4h às 4h01 da madrugada, exceção feita aos carros que vendem pamonha de Piracicaba, gás, produtos de limpeza, morangos de Jundiaí, melancia do Cerrado, vasos do vale do Jequitinhonha, artesanato de Tracunhaém, além de veículos sonoros apregoando as virtudes das lojas de varejo". "Em tempo: bares e restaurantes não têm hora de abrir e de fechar, frequentadores alcoolizados podem fazer a balbúrdia que quiserem ao procurar seus carros com os manobristas ilegais (já que é "não lei", pode), moradores não devem procurar a polícia e os órgãos da prefeitura, pois esses têm coisas mais importantes a fazer do que se preocupar com o cidadão".

E no trânsito, então, as "não leis" já são tantas que as autoridades do setor estão procurando um Hamurabi moderno para organizá-las e publicá-las (dizem até que já existem algumas "não editoras" dispostas a publicar a "consolidação da não legislação do trânsito"). Comecemos pela orientação geral dada pelas autoridades de trânsito aos seus oficiais: "A função dos guardas de trânsito é multar, aumentar a arrecadação municipal, seja por meio de aparelhos eletrônicos sofisticados, seja pessoalmente, não devendo os agentes perder seu tempo orientando o trânsito, socorrendo acidentados, ajudando pessoas a atravessar a rua, ou se ocupando com atividades extrasserviço; essa orientação não se aplica, é claro, a amigos, colaboradores e autoridades constituídas".

Algumas "não leis" são exclusivas das autoestradas de três pistas. Para estas foi promulgada uma que reza que, "mesmo que se ande a 60 km/h em uma estrada cuja velocidade máxima é 120 km/h, não se deve utilizar a pista da direita; a do meio é mais tranquila e segura, devendo os apressados ultrapassar do jeito que puderem, pela direita e pela esquerda". Outra interessante é "se seu carro tem mais de dez anos, evite licenciá-lo. Sua chance de ser pego é mínima e a economia é enorme". Uma antiga, mas sempre útil: "quem não tem carro é um perdedor e não merece viver: invada a faixa de pedestre, faça roncar o seu possante, ameace os fracassados com o rugir do seu sucesso".

E, antes que eu me esqueça, temos as "não leis" relativas ao direito autoral. A primeira ensina que "a pirataria é livre; por mais que cantores e autores dediquem anos de trabalho e não sejam remunerados, por mais que editores e gravadoras tenham prejuízos, cópias piratas de CDs e livros existem para os espertos fazerem economia à custa dos otários". A rapidez e baixo custo do nosso sistema judicial garante a impunidade". Dessa derivam várias outras, como aquela que "não legisla" sobre reprografia estimulada pela reitoria de várias universidades ou por diretores de escolas de ensino médio, e por aí afora.

E depois dizem que a violência faz este parecer um país sem lei.

Que exagero!

Um país sem futuro?

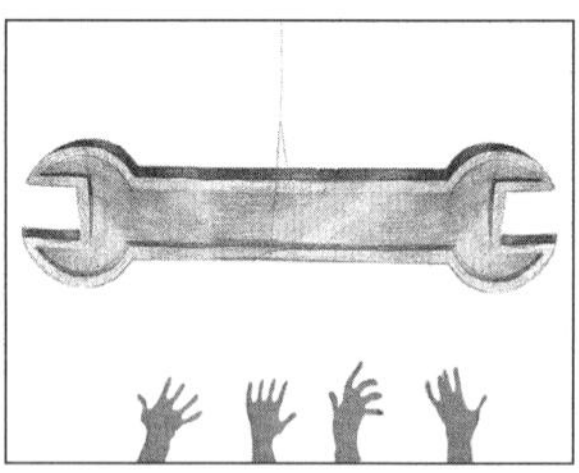

Somos todos condenados

Cada vez menos gente é alocada na atividade industrial, porém produzindo cada vez mais, graças à automação e aos modernos métodos de gestão. Isso tem, como diria minha tia Ana, seu lado bom e seu lado ruim. Se, de um lado, há uma diminuição de custos, o que permite a ampliação do mercado consumidor, integrando pessoas que há poucos anos apenas sonhavam em possuir certos bens, do outro, há uma irresistível tendência do mercado de trabalho de marginalizar um número crescente de profissionais.

Em outras palavras, da forma como a economia mundial está sendo tocada, a questão do desemprego não é um problema conjuntural, mas estrutural, e o mínimo que os governos responsáveis poderiam fazer seria minimizá-lo, seja na sua essência, seja nas consequências que provoca.

A maneira fácil de enfrentar a questão é jogá-la para cima, dizer que é um problema mundial, vai passar da mesma forma como começou, o desemprego na Europa é muito superior ao do Brasil. Sofismas. A verdade é que, em nosso país, o desemprego amplia o leque de miseráveis, marginais, desassistidos. Embora o Estado de bem-estar social que caracterizou a maioria das democracias europeias no pós-guerra não funcione mais, os seguros sociais para os desempregados europeus lhes dão, ao menos, condição mínima de sobrevivência, o que não é o caso dos nossos sem-emprego. Aqui, joga-se o pai ou a mãe de família às feras. Não têm como pagar o aluguel ou a prestação de sua casinha, não têm como pagar a passagem do ônibus para ir de sua casa até os locais onde teoricamente poderia arranjar emprego, não têm apoio na comunidade do seu bairro, não têm espaços de convivência social que vão além do boteco. O que lhe resta?

Não, não vou dizer que lhe resta transformar-se em marginal, pois marginal já ficou. Se tenta ser marreteiro, tem de entrar nos esquemas de propinas a fiscais, tendo de dividir o parco ganho com seus "sócios". Com isso ganha o direito de atravancar ruas e incomodar lojistas e passantes. Se não tem sequer dinheiro para vender quinquilharias nas ruas ou nos faróis, investe seus últimos reais buscando novo emprego até desistir e tornar-se mais um homem a zanzar, sem rumo, pelas ruas de seu bairro. O seu distante Jardim qualquer coisa foi, em sua origem, um loteamento clandestino, o que significa apenas que enriqueceu os vendedores e instalou precariamente milhares de pessoas. A especulação imobiliária, da qual foi vítima, engoliu áreas coletivas com campinhos de futebol, praças ou áreas verdes. A periferia de uma cidade como São Paulo, graças à qual temos o título de metrópole mundial, é um ajuntamento desordenado de casas e ruas, com pessoas sujeitas a uma violência cotidiana que banaliza a vida humana, sem nenhum equipamento público que possa caracterizá-la como cidade moderna. Seus "*points*", além do bar, são quando existem a escola, o posto policial e a igreja, geralmente evangélica. O centro aglutinador da família é a televisão, a novela e o jornal das oito, de maneira especial.

Problema "deles"? Não, problema nosso. Afinal, somos todos condenados. Somos nós que colocamos grades de segurança cada vez mais altas bloqueando a entrada de nossas casas e nossos prédios. Somos nós que investimos fortunas em segurança privada, instalando olheiros eletrônicos, militarizando as portarias dos prédios. Somos nós que nos assustamos com as sombras, substituímos as agradáveis caminhadas noturnas por monótonas noitadas diante da tevê, consideramos cada pessoa mal vestida um suspeito de rapto ou assalto, moramos em uma cidade da qual não usufruímos, como se tivéssemos de pagar pelo crime de aqui morar.

Embora seja simplista pretender colocar a violência urbana como contrapartida do desemprego, é evidente supor que pessoas desocupadas, sem dinheiro e sem opções de lazer, submetidas a um volume maciço de pressão de consumo, busquem, eventualmente, resolver seus problemas de forma pouco ortodoxa. Não é questão de justificar, mas de compreender.

Não podemos deixar que em bairros de nossa periferia acabe prevalecendo uma organização econômica, social e política paralela, como em morros cariocas. Para isso é necessário que paremos de olhar apenas para o próprio umbigo e – até pelo bem do umbigo – comecemos a atacar os problemas do mundo que nos cerca.

Para chegar ao século XXI

A história é ingrata para quem quer dar lições apressadas: com o tempo, ela costuma revelar a irrelevância de eventos dados e cantados como "históricos". Manchetes de jornal, capas de revista e, sobretudo, assuntos explorados em horas de tevê não merecem, frequentemente, sequer notas de rodapé em livros dos historiadores. Pronunciamentos anunciados como "históricos", tanto de governantes como de oposicionistas, são logo esquecidos por falta de consistência. Mesmo eventos que abalaram a sociedade, como a lenta morte de Tancredo, considerado na época um herói do porte de Tiradentes – e hoje uma página tirada da nossa história política –, ou a promulgação da atual Constituição pós-regime militar, tida como ponto de partida de nossa redenção (a famosa Constituição cidadã) – e atualmente criticada e bombardeada por gregos e troianos –, parecem destinados ao esquecimento.

Por outro lado, essa mesma história, que se poderia pensar ingrata, é bastante generosa quando consagra episódios aparentemente secundários ou destaca o processo social lento e desapercebido pelos contemporâneos. Será que alguém, na época de Jesus, imaginaria a importância que o cristianismo desempenharia na história, ou será que os inconfidentes de Vila Rica suporiam que seu movimento seria consagrado como a principal manifestação de identidade nacional *avant la lettre*?

Há, contudo, situações em que toda a sociedade se dá conta de viver um momento de ruptura e possibilidade de reconstrução, de superação de vícios antigos e de abertura de novas perspectivas. Foi o caso da Revolução Americana, quando os cidadãos do leste americano romperam os vínculos com a metrópole e propuseram uma sociedade em que todas as pessoas pudessem "ter direito à felicidade", na feliz formulação de seus líderes. E é o caso do Brasil de hoje. Sim, pois neste momento estamos sendo convidados a escolher entre o que temos (um país desigual, com uma elite arrogante e um povo dissimulado) e o que podemos vir a ter (um tecido social direcionado a superar nossos vícios de origem e construir um país mais rico e justo).

Cabe-nos, enfim, decidir se queremos entrar no novo milênio como um país do século XXI ou como uma grande "república bananeira", nação que nunca conseguiu transformar seu potencial em ato.

E para chegar ao século XXI não basta abrir garrafas de champanhe, soltar fogos, pular sete ondas e beijar conhecidos e desconhecidos no momento da contagem regressiva. Teremos, como nação, de superar anacronismos e alterar padrões de comportamento que, de tão entranhados, parecem parte de nossa natureza. Do contrário, a entrada do novo milênio será mais uma simples alteração de calendário, outra transição sem mudança, na feliz formulação do saudoso brasilianista Peter Eisenberg.

Antes de mais nada, precisaremos superar ranços do século XVIII e chegar aos XIX, resolvendo, em definitivo, questões que foram equacionadas há duzentos anos em outros países, como a questão fundiária. É de todo inaceitável que pessoas ainda caminhem pelas estradas com foices e enxadas reivindicando um pedaço de terra. Como diria Francisco Iglésias, "que coisa mais antiga!". Parece, de fato, um pedaço de medievo solto em 1999. Mesmo que pequenas propriedades sejam improdutivas, em termos de agricultura moderna, é um absurdo reconhecido por toda a sociedade que ainda haja neste país a figura dos sem-terra.

Depois temos que sair do século XIX e chegar ao XX. Aí temos muito a fazer: acabar com o trabalho infantil, que é um resquício dos primórdios da Revolução Industrial. Integrar maiores parcelas da população no projeto nacional, pois não se concebe uma nação sem cidadãos. Diminuir drasticamente a corrupção e as mordomias, fazendo com que as leis valham para todos.

Agora, para chegar ao século XXI, além disso tudo, temos de perceber o que está acontecendo no mundo e fazer nossas opções. A globalização provocou a rápida aceleração do tempo histórico. Nossa época é mais de rupturas do que de continuidades, e não teremos muitas chances: ou alcançamos os países desenvolvidos agora ou a distância entre nós e eles tornar-se-á cada vez maior.

A questão não é mais quem possui as melhores terras ou o subsolo mais rico, embora alimentos, matéria-prima e combustíveis sejam essenciais. Nem quem produz mais aço ou fabrica as melhores máquinas industriais, embora isso não seja desprezível.

Ocorre que aço e alimentos, máquinas e matéria-prima podem ser comprados, e há muitos vendedores desses produtos. O que é mais difícil de comprar são cabeças pensantes. Não me refiro a simples profissionais do intelecto ou da ciência, mas verdadeiros intelectuais e cientistas, a criadores de teorias, a pensadores originais, a gente que elabora *software*, e não apenas consome... Àqueles que, além de especialistas, são donos de cultura geral que lhes permite perceber a inserção do particular no geral. E gente assim só se forma lendo bons livros, estudando com bons professores e pesquisando em boas universidades.

Se não fizermos já a opção preferencial pela educação, *bye-bye*, século XXI.

A globalização que queremos

Leio, aborrecido, que o tempo que os executivos franceses dedicavam ao almoço caiu, na última década, de duas para uma hora por dia. A notícia comemora o fato em nome da globalização e da objetividade. É, o vício econômico contagiou mesmo o mundo. Não sei se o rendimento intelectual de qualquer pessoa pode aumentar quando ele troca as maravilhas da comida francesa e uma boa taça de vinho por uma repelente pasta de carne moída amassada e aquecida (o hambúrguer), regada por uma indigesta mistura de ovo com óleo (a maionese) e um copo de papel encerado cheio de gelo contendo aquele líquido de cor duvidosa que as donas de casa usavam para desentupir pias. Mesmo supondo, e por absurdo, que as pessoas dobrassem sua capacidade de trabalho, que felicidade pode sentir alguém que troca um charmoso bistrô por uma turbulenta e impessoal lanchonete de *fast-food*?

Imagino o executivo francês chegando cansado em casa, o estômago revirando: grunhe um boa-noite para a mulher, não chega sequer a ver o filho (que não está à sua espera, ocupado em relacionar-se virtualmente com o mundo, via internet), arranca os sapatos e liga a televisão do *home theater* que comprou para fugir das agruras do cotidiano. Engole o jantar que sua mulher requentou no micro-ondas; nem repara no que comeu, mas olha à sua volta e percebe que seu sacrifício valeu a pena: eletrônicos e eletrodomésticos de última geração o espiam, testemunhas de seu sucesso. Adormece, sentado, e ressona satisfeito. Sacrifica-se pela família, "que tem de tudo". E viva a globalização!

Globalização é, para muitos, apenas um momento da expansão do capitalismo, uma mudança na economia. Para uns desejável, para outros inevitável, é vista como uma fatalidade da natureza, um *El niño* financeiro. Não é, não. A globalização é fruto da ação organizada dos homens, portanto um fenômeno da sociedade e não da natureza. Não é como a erupção de um vulcão, uma onda de calor ou a inundação dos grandes rios, que têm a ver com o mundo da natureza. A globalização, pelo contrário, tem a ver com o mundo dos homens, com a forma pela qual se organizam, extraem riquezas, vendem produtos, fornecem serviços. Tem a ver também com a maneira pela qual criam cultura e a veiculam, apropriam-se de valores morais e práticas políticas e os universalizam. A repulsa a assassinos institucionalizados, do tipo Pinochet, encontra eco em todos os países, não só pelo fato de seu regime ter trucidado indivíduos de diferentes nacionalidades, mas porque cada um de nós, como cidadão do mundo, sente-se atingido na própria carne, por atentados contra a humanidade. Se sofremos as agruras da globalização, como desemprego, sobressaltos econômicos de dimensão planetária e até perda de identidade, que ao menos o fenômeno nos permita a universalização das conquistas que as Revoluções Francesa e Americana trouxeram para a humanidade, como os direitos humanos e o direito de buscar a felicidade.

O fato é que o mundo optou pela globalização, o que implica pôr os Estados Unidos, ou o que se imagina que sejam os Estados Unidos, como padrão de referência. Assim, copiamos suas calças jeans, mesmo em regiões tropicais do país; tentamos instituir animadoras de torcida no futebol, como se nossos torcedores precisassem de estímulo para manifestar-se; sabemos de cor o nome dos personagens das principais séries da tevê americana, generosamente programadas por nossos canais de televisão. São valores que a potência hegemônica transmite como subproduto de sua hegemonia. Melhor seria se, em vez de hambúrgueres, calças de brim grosso, ridículas moçoilas saltitantes e comediazinhas entremeadas de risadas encomendadas, tomássemos emprestado dos americanos sua experiência em fazer eleições a cada exatos quatro anos e, melhor ainda, empossar o eleito (embora assassiná-los, de vez em quando, é experiência que dispensamos). Fazer com que os chefes militares obedeçam às ordens do presidente civil é algo aparentemente óbvio. Embora bastante incomum entre nós, latino-americanos, é fundamental para as democracias modernas.

Volto a meu ponto central, se a globalização é um processo determinado pela sociedade e não pela natureza (sobre isso espero que nem o mais empedernido economista tenha dúvidas), cabe a cada sociedade particular determinar quais seus aspectos que devem ser incorporados e quais os que precisam ser rejeitados. Não sei muito bem por que os franceses devam abrir mão de sua cozinha, ou os brasileiros de sua música, imolando esses valores culturais no altar do gosto universal. Nem por que tenhamos de consumir sem limite (principalmente os reverenciados importados). Creio, contudo, que o patrimônio cultural da humanidade ganha com a destruição das barreiras alfandegárias culturais, com a superação do chauvinismo, com o encurtamento das distâncias. Basta que usemos as facilidades que o mundo nos oferece para conhecer o Louvre e o Metropolitan, não apenas para comprar na Printemps e na Bloomingdale. E deixemos os franceses almoçar sossegados.

O autor

JAIME PINSKY

Historiador. Doutor e livre-docente pela Universidade de São Paulo – USP, professor titular aposentado da Unicamp. Diretor editorial da Contexto, coordenador das atividades para professores e universitários da Bienal do Livro de São Paulo. Autor ou organizador de mais de vinte livros, entre os quais *História da cidadania, Práticas da cidadania, 12 faces do preconceito, Escravidão no Brasil, Cidadania e educação, As primeiras civilizações* e *Faces do fanatismo* todos da Editora Contexto. Colunista do *Correio Braziliense* e colaborador de vários outros jornais.

GRÁFICA PAYM
Tel. [11] 4392-3344
paym@graficapaym.com.br